できるリーダーが「1人のとき」にやっていること

マネジメントの結果は「部下と接する前」に決まっている

What do capable leaders do when they are alone?

大野栄一

日経BP

はじめに

「いいリーダー」の条件とは？

突然ですが、質問です。「リーダーに向いている人」「リーダーにふさわしい人」はどういう人だと思いますか？

周囲からの信頼の厚い人？　仕事ができる人？　カリスマ性のある人？　組織への忠誠心が強い人？　業績がいい人？　頭の回転が速い人？　俯瞰《ふかん》的にものごとを捉えられる人？　時代の変化に柔軟に対応できる人？　人によって、環境によって、さまざまな条件を思い浮かべることでしょう。

では、何かひとつの条件を思い浮かべたとして、その条件さえ満たせば、「いいリーダー」といえるでしょうか？　リーダーの本質とは何でしょう？　おそらく、多くの方が頭に浮かべた条件は、それを満たしただけでは、「いいリーダー」とは言えないと思います。

周囲からの信頼が厚く人間的に優れていたとしても、能力面でリーダーにふさわしいとは限りません。

組織への忠誠心が高くて仕事ができて個人の業績がよくても、集団を率いる力が備わっていないことが多いものです。

カリスマ性があるリーダーの下で組織が空中分解したり、不正が横行したりということも耳にします。俯瞰的な視点を持ち、時代の変化への対応が柔軟でも、その能力だけがあればいいという話ではないはずです。

そう、多くの人は「いいリーダー」を求め、そして多くの人が「優れたリーダー」になろうとしているにもかかわらず、いいリーダーシップを発揮できない人が多いのは、「いいリーダー」像が誰にとっても不明瞭だからなのです。

リーダーシップとは「周囲の人の人生をエキサイトメントにする」力

では、本書で目指そうとするリーダーとは、どういう存在でしょうか。

私はこれまで、金融業界やコンサルティング業界、教育業界などで、さまざまな形でマネジメントに携わってきました。そうした経験と「すごい会議®（1970年代にハワード・ゴールドマンによって、コーチングをベースに開発された経営会議等含めた組織マネジメントの方法論）」の大橋禅太郎氏との出会いを通して、優れたリーダーは共通して、組織におけるいくつかの役割を果たしていることがわかりました。その共通する役割とは、

「部下やメンバーが自らのひらめきを大切に育める場をつくること」
「関わる人の人生をエキサイトメントにするような影響を与えること」

です。この2つの役割に関しては、どんな業界でも、どんな状況のチームでも普遍

的です。そして、こうした役割をリーダーが果たしている組織では、関わる人みんなが、

「何より幸運だったのは、あのリーダー（上司）に出会えたこと」
「ターニングポイントは、間違いなくあのリーダーのもとで働けたことです」

という感謝の念を抱いていました。関わった皆から出会いそのものを感謝される──この「祝福《しゅくふく》的なあり方」こそが「リーダーにふさわしい人」の条件だと、私は考えています。リーダーに求められているのは、指示や結果を出すこと以上に、「祝福的であること」なのです。

本書では、祝福的な存在となるためのリーダーの本質的な力に注目していきます。

なぜリーダーこそ「1人のとき」が大事なのか

さて、遠回りになりましたが、ようやくここで、私がなぜ、リーダーシップの書籍

として「1人のとき」の過ごし方をお伝えしていくかということの、説明の下地が整いました。

「関わった人みんなから、(結果的に)感謝されるリーダーになる」というときの祝福的なリーダーは、

「部下の前で、こう振る舞えばなれる」

「チームメンバーにはこう接しなさい」

というような、表面的な心がけや努力でなれるものではありません。

事業が成長している局面では必要な投資が、成熟しきった局面では寿命の収縮につながるように、ある文脈ではよい接し方が、別の文脈では最悪の接し方になるということはよくある話です。

同様に、リーダーシップに関するノウハウ書に書かれていることをそのまま実践したとしても、「いいリーダー」の入り口に立つことさえ難しいものです。

それは、いいリーダー、つまり祝福的なリーダーに続く道が、「部下への〝正しい〟接し方」や「リーダーとして取るべき行動や考え方」といった一般論の延長線上には

祝福的なリーダーとは？

ないから、そして、本当の学びが、他人や本から教わって得られるものではないからです。学びとは、「自分が自分に教える」ことでようやく得られるものなのです。

ちまたに溢《あふ》れる「部下への〝正しい〟接し方」や「リーダーとして取るべき行動や考え方」は、そのほとんどが場当たり的で、その場しのぎに過ぎません。

そうした小手先のスキルと一度距離をとって、いいリーダーになるために本当に必要なことを自分で自分に教えるためには、「1人の時間」が重要です。「1人の時間」を通して、本書で紹介していく**4つの力**（思考自由度・問いの力・喚起力・構造デザイン力）を磨き、高めていくことが、あなた自身のリーダーシップの能力を育て、周囲の人々の人生をエキサイトメントにするためには不可欠です。

その意味では、部下と接する前に、あなたのマネジメントの結果が決まっているといっても過言ではありません。リーダーに本当に必要な力は、「1人の時間」によって育まれるのです。

「本質に働きかける力」を得るために

また、リーダーの「1人の時間」に焦点を合わせることには、もうひとつ、重要な意味があります。それは、組織やチーム、あるいは部下などを変えたい場合に、その対象に直接働きかけようとしても、その本質にまで影響を与えることはできないということです。

たとえば目の前にリンゴジュースがあるとします。もっとおいしいリンゴジュースをつくりたい場合に働きかけるのは、目の前のリンゴジュースそのものではありません。ジュースを成り立たせている「リンゴ」や「ミキサー」、「人」に働きかけてはじめて、リンゴジュースをもっとおいしくすることができるでしょう。ジュースを成り立たせているのは、ジュースそのものではありません。

同様に、「売上」を改善したい場合にも、アプローチすべきは「売上」を成り立たせているもの――「お客様の数」と「取引単価」と「取引頻度」であり、さらには、商品やサービス、物流、工場……などに働きかけてはじめて実現可能です。

これをもう少し広く捉え直すと、「ある状態」が成り立つにはそのものがあるだけでは不十分であり、そこに「ない」ものがあってはじめて成立しているといえます。「ある状態」を変えたいならば、そこに「ない」ものに働きかけることが重要です。組織やチーム、あるいは部下のパフォーマンスを変えたいならば、それを成り立たせている、そこには「ない」もの、すなわち「1人のとき」に焦点を合わせることが不可欠です。

私たちはつい、目に見えるもの、そこにあるものを変えようとしてしまいます。しかし、それを成り立たせている「ない」ものに働きかけない限り、望む形に成立させることはできません。本書でお伝えするのは、「ない」ものに焦点を合わせるための力なのです。

1人の時間の過ごし方がリーダーシップの質を決める

リーダーは、日々の忙しさの中で多くの課題に直面しています。

たとえば、

「チームメンバーとの意思疎通がうまくいかない。チーム内の連携が不足している」

「リーダーとしての役割を十分に果たせていないと感じる」

「業務を部下に任せられず、リーダー自身の負担が増大している」

「成果を上げなければならないというプレッシャーが、精神的な負担になっている」

「リーダーとしての経験を積む中で、自分の方向性に対する不安がある」

「部下の成長をどのようにサポートすべきか悩んでいる」

「自分なりのスタイルを模索する過程で迷いが生じている」

「部下のやる気を引き出す方法がわからない」……。


こうした悩みを解消するには、これまでの前提や、これまでの考え方や、これまでのやり方を再検討する必要があります。そのためにも、これから提案していく「1人の時間」の過ごし方は役立つでしょう。

1人の時間は、リーダーとしての自己成長を促します。1人の時間を使いこなして、自分の感情や思考を深く見つめ直すことで、リーダーシップの質をさらに高めることができるのです。「自分自身と向き合う時間＝1人の時間」を通して、日々の業務や部下との関わりの中でもたらされる以上の、さらなる成長がかなうでしょう。

リーダーには、会社にいる時間やチームと接する時間以上に、1人で過ごす時間が大切です。

本書では、1人の時間をどのように使えばリーダーシップの質を高められるのか、その具体的な方法を解説します。

本書が悩めるリーダーの助力となれば、これほど嬉《うれ》しいことはありません。

大野栄一

もくじ

第1章
[思考自由度]
「思考の自由」を手に入れるための8つのポイント

第2章 「問いの力」

思考力の原点「問う力」をつける7つのポイント

第3章

[喚起力]
心に同じ「火」を灯した仲間をつくる8つのポイント

第4章 ［構造デザイン力］ 大局的に考え変化を起こす力をつける6つのポイント

終章
リーダーも組織も育つ「いい循環」は、1人のときにつくられる

序　　章

「1人でいるとき」にどう過ごすかが、「優れたリーダーかどうか」の分かれ道

リーダーが「1人」のときをどう過ごすかで、チーム・部署・組織の未来が決まる

人を動かすのは「スキル」ではない

リーダーとしての「1人の時間」の過ごし方が、組織全体の成果に大きく影響することをご存じでしょうか。

リーダーシップを発揮するには、部下と向き合う時間だけでなく、自分自身と向き合う時間が大切です。「自分1人の時間」の使い方が、リーダーシップの質と、リーダー自身の成長を左右します。

多くのリーダーは、部下や組織メンバーとの「接し方」や「動かし方」に重点を置

きがちです。

「アンガーマネジメント」「報連相《ほうれんそう》（報告・連絡・相談）の方法」「評価の仕方」「1《ワン》on《オン》1《ワン》の進め方」などのテクニックを学ぶことは、たしかに有益です。

ですが、これらのテクニックを身につけても、「部下や組織が思うように動かない」と感じたことはありませんか？

人を動かす上でもっとも大切なのは、テクニック以上に、リーダーの「あり方」です。

「あり方」とは、人間性、価値観、行動の一貫性など、内面的な特性のことです。

リーダーが誠実であれば、組織も同様の行動をとる傾向があります。逆に、リーダーが不誠実であれば、組織全体のモラルが低下する可能性があります。

マネジメントのスキルは、リーダーの「あり方」がともなってはじめて効果を発揮します。どれほど優れたコミュニケーション技術を持っていても、リーダー自身が信頼されていなければ、部下は心を開かないでしょう。

重要なのは、スキルやテクニックといった「やり方」と、内面の姿勢や価値観である「あり方」の両方を整えることです。

リーダーとしての「あり方」を育むためには、自分自身を深く理解することが必要であり、そのためにも、今、「自分を見つめ直す時間＝豊かな1人の時間」が大切なのです。

リーダーが持つべき「豊かな1人の時間」とは？

リーダーが持つべき「1人の時間」に重要なのは、豊かさです。「豊かな1人の時間」というのは、人と群れずに単に1人で静かに過ごす時間でも、溜まった作業を1人黙々とこなすための時間でも、日々の疲れを癒《いや》すための休む時間でもありません。目の前の雑事や突発的なトラブルなど、本質的ではないにもかかわらず目や気を奪ってしまうものから距離をとり、自分を掘り下げていく時間です。

本書では1冊をかけて、リーダーが1人の時間に身につけたい4つの力（思考自由度・問いの力・喚起力・構造デザイン力）について解説し、優れたリーダーにつながる道をともに探っていきます。

「部下に対してはこう接するといい」
「こういうトラブルへの対処法はこれ」
などの対症療法的なことはあまり取り上げる予定がないので、日々、対症療法に追われている方にとっては「回りくどい」「遠回り」と感じられるかもしれません。

しかし、真のリーダーシップは、日々の業務や目の前の雑事、トラブルに追われている中で磨かれるものではありません。今、多くのリーダーに求められているのは、**リーダーとしてのレベルが1のまま忙しく手足ばかり動かしているのをいったんやめて、レベルそのものを上げていくこと**だと考えています。

本書の問いに真剣に考え、実践していただくことは、リーダーとしての成熟につながります。優れたリーダーが現場に立つからこそ、優れたマネジメントができるのです。

リーダーが「豊かな1人の時間」を持つメリット

①自分を省みることができる

リーダーの1人の時間は、自分を省みる機会です。1人で思索することで、リーダーとしての行動指針や理念が明確になります。部下と向き合うときにあらわれるのは、1人の時間に「考えた結果」の行動です。

②伝える価値のあるメッセージを見いだせる

リーダーの役割のひとつに、部下へのメッセージの発信があります。このメッセージの質を高め、価値あるものにするために、1人の時間は不可欠です。自分の考えや感情を深く理解することで、部下の心に響く言葉にたどり着くことができます。

③決断の質が上がる

常に騒がしい場に いると、質の高い決断をすることができません。静かな1人の場を持つことが、あなたが今後するすべての決断の質につながります。

④人間としての成熟につながる

リーダーには、人間としての成熟が不可欠です。１人で深く思考する時間を通して、自身の未熟さと向き合うことができるでしょう。自分を深く知る時間を持たない人間は、人を理解することができません。

⑤独自性を発揮できる

優れたリーダーは、競争ではなく独占を目指します。１人でいる時間こそ、自分だけの視点やアイデアを磨き、他者との差別化を図る機会です。

⑥ゼロからイチを生み出す

ゼロからイチを生み出す発想は、１人での集中から生まれます。多くの意見に囲まれていては、革新的な洞察は得られません。１人で未来を構想する時間が大切です。

⑦長期的視点を養う

現場は目の前の課題に集中しがちですが、リーダーは常に長期的な成功を設計する視点を持ち続けることも必要です。1人でいる時間に長期的なゴールを考え、持っておくことが不可欠です。

⑧知識を増やすことができる

優れたリーダーは、他者が持たない視点や知識を武器にします。1人の時間に読書、思索、リサーチを行うことで知識を増やすことができます。

⑨責任感が高まる

チームの成功も失敗も最終的にはリーダーの責任です。その覚悟は、1人でいる時間に深く考え抜くことで固まっていきます。

⑩「もっとも重要なこと」が明確になる

成果を上げるには、「何をしないか」を決めることが重要です。1人でいる時間は、自分の役割とタスクを冷静に整理し、「もっとも重要なこと」に集中するための場となります。

⑪チームを喚起する力が高まる

１人の時間は、直面する困難や挑戦にどのような意味を見いだすかを考える機会です。リーダーが自分の行動や選択に確信を持つことで、部下にもその姿勢が伝わり、困難な状況でもチームを喚起する力を生み出します。

できるリーダーが必ずしている「見えない努力」

人目につかない場所での努力や準備が、結果として、表舞台での成果に反映されます。お客様に直接見えない企業努力がサービスや製品の品質に影響するように、リーダーの見えない努力が、部下や組織の方向性を決めるのです。

部下の成長や組織の成果は、リーダーが１人のときに「何を考え、何を習慣にしているか」で決まります。

会社にいる間、部下と接している時間だけがリーダーとしての自分ではありません。

むしろ、重視しなければいけないのは、「それ以外の時間をどのように過ごすか」ということです。

リーダーとしてのあり方は、すべて自身の内面から生まれます。だとすれば、部下に目を向ける前に、自分自身を見つめ直す時間を持つことが重要です。自分の行動や考え方を客観的に振り返ることで、自己理解が深まり、リーダーシップの質が向上します。

1人の時間を持って、リーダーとしての「あり方」を見直すことができるかどうか。質の高いリーダーシップを発揮するためには、1人の時間は不可欠なのです。

「自分が自分に教えたこと」しか人は学ばない

学びとは、「他人から教わるものではない」という結論

誰にでも共通する「学びのスタイル」があります。

どのようなスタイルだと思いますか？

本を読むことでしょうか？　セミナーに通うことでしょうか？　あるいは講師に教わることでしょうか？

実は、どれも正解ではありません。

正解は、「自分自身に教わる」ことです。

多くの人は「学びとは、他人から教わるもの」と考えていますが、実際には、学びは人から与えられるものではありません。

私がたどり着いたのは、

「自分が自分に教えたことしか学ばない」

「あなたがあなたに教えたことしか学ばない」

という結論です。


たとえば、経営者が社員に「こうしよう」と伝えても、社員自身が「自分に教える」段階を経なければ学ぶことはできません。コンサルタントが経営者に「こうしよう」と提案しても、経営者が自らの意思でそれを「自分に教える」ことをしなければ、やはり学びは起こりません。

リーダーが部下に「こうしよう」と促しても、部下自身が納得して自分に教え込まない限り、学ぶことはできないのです。


では、「自分が自分に教えている」「自分が自分から教わっている」とはどういう状態でしょうか。

たとえば、日常的に「仕事って大変だよね」と思い続けていることは、自分自身に「仕事は大変なものだ」と教え込み、それを学び続けているのと同じです。

目の前の出来事に対して、「これは重要だ」と感じていれば（＝自分にそう教え込んでいれば）、人は積極的に学びに変えることができます。

一方、「これは自分には関係ない」と判断した時点で、たとえどれほど優れたノウハウが示されても、取り入れることはできません。

多くの人は「誰かが教えてくれる」という感覚を持っています。ですが、「自分は自分からしか学べない」という自覚が芽生えたとたん、学びや思考の質感が一変します。

そして、リーダーがこの自覚を持たない限り、どれほど指導をしても部下は成長しません。なぜなら、部下自身も「自分に教えたこと」しか学ばないからです。

リーダーの本当の指導とは、部下に対して、

「あなたはこれまで、あなた自身に何を教えてきたのですか？」

「あなたは自分の目標を達成するために、あなた自身に何を教え込んできたのですか？」

と問いかけることなのです。

あなたは今まで、自分に何を教えてきたか？

どんなに多くの人と対話し、話を聞いたとしても、最後にあなたを変えられるのは、あなた自身です。

リーダーとしてのあなたもまた、自分自身からしか学べません。だからこそ、「1人の時間」が大切です。

1人の時間こそ、

「自分は今まで、自分に何を教えてきたのか？」

という問いと向き合う、貴重な時間です。

「自分が自分に教えたことしか学ばない」という概念を理解していれば、「どのようにすれば自分を変えることができるか」「どのようにすればリーダーとして成長できるか」がわかりますよね？

答えはシンプルです。

「自分が自分に教える内容をアップデートし、ものの見方や捉え方、解釈の仕方を変えればいい」わけです。思考が変われば、自分に教える内容が変わります。「仕事は大変だ」という教えが、見方を変えることで、「仕事は楽しい」という学びに変わります。

そして、本書で提示する「思考の自由度」「問いの力」「喚起力」「構造デザイン力」は、「自分で自分をアップデートする」ために不可欠な4つの視点です。

今この瞬間、あなたは、あなた自身に何を教えていますか？

自分を変えられるのは、ほかの誰でもない「あなた」だけです。

本書で示す4つの視点を、自分をアップデートするためのきっかけにしてください。

学びはいつだって、あなた自身から始まります。

「小手先のリーダーシップ」で終わらないために

多くの人が自分を「いいリーダー」と勘違いしている

本書の冒頭で、「いいリーダー」の条件について尋ねた背景には、実は私自身の経験があります。私自身、かつては「いいリーダー」について勘違いをして、「自分はリーダーにふさわしい」と過信していました。

離職率が8割にものぼる、金融商品、とくに商品先物取引の営業をしていた頃は、まさに「気合とど根性」が頼りでした。

パワハラとまではいかないものの、「コラ、やらんかい」と、体育会的な営業手法で部下を従わせたこともあります。景気づけと称して、昼間から部下とビールを飲むなど、今では考えられない方法で士気を高めていたのです。

まさに当時は、リーダーとして祝福的なあり方とはほど遠く、私のマネジメント成分はほとんどが「気合とど根性」「すすきのでのアルコール」でできていました。

支払いを済ませた私に、部下が一列に並んで、「あざーす！」と頭を下げる光景は、まるで軍隊のようでした。

部下は私の椅子（支店長という役職）に従っていただけなのに、私は「あいつらはオレについて来ている」と思い違いをしていたのです。

お酒を飲めば一時的な気分転換になりますが、根本的な信頼関係の構築にはつながっていませんでした。

優秀なリーダーであれば、部下が「仕事そのもの」にやりがいを感じ、イキイキと働ける環境をつくったでしょう。ですが私は、すすきので部下をイキイキさせて、それを翌日の仕事の励みにするという無理なサイクルをつくっていたのです。

その後は、コンサルティング業界へ。ＩＰＯ（新規公開株式）＆資金調達コンサルティング会社でエグゼクティブコーチングを研究し、さらに「すごい会議」の大橋禅太郎氏との出会いによって、自分のマネジメントに対する考え方が根本から覆《くつがえ》されました。

営業職時代の私は、「オレがリーダーだ」「オレが正しい」「オレの言う通りにすれば成果が出る」「オレについて来い」と自己中心的な考えに陥り、部下に対してまるで「オレオレ詐欺」を働いているかのようでした。強制的な手法や一方的な指示で部下を縛りつけ、彼らの自主性を奪っていたのです。


しかし、「すごい会議」の手法を学ぶ中で理解したのが、前述の、

「部下が自らのひらめきを大切に育める場をつくること」

「部下の人生をエキサイトメントにするような影響を与えること」

という、優れたリーダーが共通して担っている役割であり、

「何より幸運だったのは、あのリーダー（上司）に出会えたこと」

「ターニングポイントは、間違いなくあのリーダーのもとで働けたことです」

と部下が心からの感謝を抱く、「祝福的存在」としてのリーダーです。

リーダーは「向いてない」くらいがちょうどいい

私自身にこうした背景があることもあって、

・「もっといいリーダーになりたい」「いいチームをつくりたい」と思っている

・自分のチームの業績をもっと上げたい。その方法を知りたい

という方だけでなく、

・「リーダーをやってほしい」と言われたけれども、「自分には向いていない」と感じている

・リーダーをやっているが、できればいちメンバーに戻りたい

・マネジメントよりも技術職のほうが楽しい

と思ったことのある方こそ、本書を読み進めていただきたいと考えています。

リーダーシップに関する自己評価は、必ずしも、実際の適性と一致しないことがあります。

「あなたはリーダーに向いていると思いますか？」という質問に対して、興味深いことに、「向いている」と答えた人よりも、「向いていない」と答えた人のほうが、実は優れたリーダーになる可能性があるのです。

なぜ、「向いていない」と感じる人ほど、リーダーに「向いている」のでしょうか？

その理由は、自分の欠点や不得意さを理解している人（＝リーダーに向いていない理由を認識している人）は、自己認識力が高いからです。自己認識力とは、自分自身の性格や能力、思考、感情などを理解する力のことです。

「自分はリーダーに向いていない」と感じるのは、自己認識力が高い証拠です。

たとえば、「自分は歌がヘタだ」と認識している人は、正しい音程を理解しています。正しい音程がわかっているからこそ、自分の音程のズレに気づくことができます。同様に、「リーダーに向いていない」と判断するためには、理想的な基準や他者との比較が必要であり、それを理解している時点でリーダーとしての資質があるといえます。

古代ギリシャの哲学者ソクラテスは、「自分が無知であることを知っている者は賢者である」と考え、「無知の知」という概念を提唱しました。「無知の知」は、「自分が知らないことを知っている」ことの重要性を説いたものです。

「自分はリーダーに向いていない」と自己認識できる資質は、組織を率いる上で重要です。

自己認識力が高い人の特徴

○ 内省《ないせい》的である：自分の思考や言動、態度を振り返ることができる（内省とは、自分自身の心を見つめること）。
○ 共感力がある：部下の意向や要望をくみ取り、寄り添うことができる。
○ 柔軟性が高い：周囲の意見や反応に耳を傾け、改善に努めることができる。

一方、自分のことを「リーダーに適している」と過信する人は、自己評価が実際の能力よりも高くなる傾向があります。そして、以下のリスクを抱える可能性があります。

「リーダーに向いている」と過信気味の人の特徴

○ 成功を自分の能力の結果とし、失敗を外的要因のせいにする。
○ 自分の考えを優先して、偏った判断をする。
○ 部下の意見を軽視するため、チームの視点が生かされない。
○ 自分の能力を過大評価し、無謀な決定を下す。

「自分はリーダーに向いている」と強く思っている人ほど、チームに悪影響を与えかねないのです。

優れたリーダーが
１人のときに磨いている４つの力

内省の習慣でリーダーシップの本質を深める

リーダーシップの質を高めるためには、リーダーが１人の時間を使って、自分自身を振り返ることがとても大切です。

振り返りの習慣は、自分の考え方や感情、行動をじっくり見直し、成長につなげることを指します。

たとえば、

「あのとき感情的になった理由は、何だったのか？」

「そもそも自分はどんなリーダーになりたいか？」

「自分の振る舞いが組織の士気にどのような影響を与えているのか？」

「自分は、周囲からの意見を受け止めているか？」

「最近経験した失敗や課題から学んだことは何か？」

といった内省（自分自身を見つめ直すこと）がリーダーシップを磨く基本です。

1人の時間に「自分を見つめ直す」ことで、リーダーに不可欠な「4つの力」を育てることができます。

優れたリーダーシップのための4つの力

①思考の自由度
②問いの力
③喚起力
④構造デザイン力

これらの力がリーダーシップにどう役立つのか、それぞれの特徴を簡単に説明します。

①思考の自由度（第1章で詳述）……思い込みを捨てて、ものごとを自由に見る力

「こうあるべきだ」という固定観念にとらわれずに、公平に、客観的に、柔軟にものごとを捉える力です。

たとえば、「この部下はこういう性格だから、こう接するべきだ」「部下より経験を積んでいる自分の考えは正しい」と反射的に判断せず、ものごとをフラットに見ることが重要です。

思い込みや固定観念は、私たちの視野を狭めたり、新しい発想や選択肢を見えなくしたりします。そのため、自分がどのような思い込みにとらわれているのかを知り、柔軟な発想を取り戻すことが必要です。

1人の時間は、「思考を自由にする時間」です。

②問いの力（第2章で詳述）……適切な質問を通じて、問題の本質を明らかにする力

なぜ、問いを持つことが大切なのでしょうか。それは、問いが創造性を引き出すきっかけになるからです。

問いを立てることで私たちは、これまで見えていなかった視点や解決策を探求し始めます。問いは、創造性の扉を開く鍵です。

リーダーがどのような問いと向き合っているかが、リーダーシップに反映されます。たとえば、「なぜ、部下はミスばかりするのか？」と否定的に問うのではなく、問いの向きを部下（外側）から自分（内側）へ向けて、

「部下の悲しみを打ち明けられる存在になれているか？」

「どのようにすれば○○を実現できるか？」

といった、自分自身を再検討できるような問いを持つことができれば、自分の行動や考え方を根本から見直すことができます。

1人の時間は、「本質に目を向けさせてくれる問いを立てる時間」です。

③喚起力（第3章で詳述）……部下の内面に語りかけ、「仕事の面白さ」や「働く意味」を呼び起こす力

「やる気を出せ」と口にするだけでは人は動きません。**リーダーの役割のひとつは、部下の中に眠っている（部下が自覚していない、あるいは十分に活用していない）能力や自主性を引き出すことです。**

「こうしろ、ああしろ」といった具体的な指示を出さなくても、部下が自分で考えて動けるようにするためには、「喚起力」が必要です。

たとえば、部下が毎日、通勤時に疲労感を覚えているとしたら、それは「仕事が面白くない」と思っているからかもしれません。リーダーは、自分の、そして部下のものの見方を豊かにして、「この仕事をやる意味がある」と感じられるように喚起力を発揮する必要があります。

1人の時間は、「喚起力を高める時間」です。

④構造デザイン力（第４章で詳述）……仕組みや構造に落とし込み、変化をもたらす力

構造デザイン力とは、組織が自然とよい方向に動く仕組みをつくる力です。

たとえば、ペットボトルのキャップは、構造デザインの好例です。皆さんは、「自分で自由にペットボトルを開けている」と思っているかもしれませんが、あの「回して開ける」という動作は、ペットボトルの「構造デザイン」に促されてやっているに過ぎません。

同様に、組織内でも、「自然と動く仕組み」が必要です。たとえば、「部下からの報告や相談が足りない」と感じたら、定期的なヒアリングの時間を設けたり、専用の報告シートを導入したりするなど、相談しやすい時間や仕組みを整えることで、報連相のモレがなくなります。

１人の時間は「人を動かす仕組みを生む時間」です。

4つの力は相乗効果で高められる

4つの力は相互に関連しています。リーダーが1人の時間を活用し4つの力を伸ばすことで、次のような好循環が生まれます。

「1人の時間」の活用で生まれる好循環

思い込みを捨て、ものごとをフラットに見る（①思考の自由度）

↓

本質を問うことができる（②問いの力）

↓

自分や部下が、仕事に面白さを覚える（③喚起力）

↓

仕組みや構造から変化をもたらす（④構造デザイン力）

（→ 最初に戻る）

「優れたリーダー」5つの特徴

「4つの力」をつけると、どんなリーダーになれるのか？

経営コンサルタントから「人の心を扱うビジネスコーチ」へと転身して以降、私は組織の行動改善のサポートに尽力しています。

そして、多くの企業でさまざまなリーダーを見てきた経験から、優れたリーダー（＝祝福的なリーダー）には、大きく「5つの共通点」があることがわかりました。

この5つの共通点こそが、本書の4つの力を伸ばすことで得られるものです。

優れたリーダーの5つの共通点

①自分の状態を客観視できる

リーダーは、部下の状態を正確に理解することが求められます。コミュニケーションでは「どう伝えるか」「どう聞くか」が注目されがちですが、それ以上に、部下の状況や気持ちを理解する視点が重要です。

部下の状態を正しく理解するためには、リーダー自身が「自分の状態」を把握していることが不可欠です。自分の状態がわからないまま、部下への教育方法ばかりに注目しても、効果的な指導はできません。

優れたリーダーは、「自分の状態がわからない人に、相手の状態はわからない」ことを理解しています。そして、自分の感情や考え方、行動パターンを冷静に見つめる力を持っているのです。

②偏見のない「健全な視点」を持っている

健全な視点とは、先入観や偏見、思い込みを持たず、公平で中立的にものごとを見ることです。優れたリーダーは思考の偏りをなくし、フラットにものごとと向き合うことができます。

たとえば、部下を評価する際、リーダー自身の偏見や先入観があると、公平な判断ができません。リーダーが部下を偏りなく評価することで、部下は「自分が大切にされている」と感じ、リーダーに対する信頼が深まります。

③「付き従う者《フォロワー》」がいる

経営学者のピーター・ドラッカーは、「リーダーに関する唯一の定義は、付き従う者がいること」と述べています。「付き従う」とは強制や権威によるものではなく、リーダーの信頼性や人間性に基づき、部下が自らの意思で従うことです。

リーダーシップは、役職や肩書きに依存しません。たとえ新入社員であっても、多くの人がその人に「付き従う」ならば、その人はリーダーシップを発揮しているといえます。営業職時代の私は、椅子とお酒の力を誇示して「付き従わせていた」だけで、私に「付き従う者」はいなかったのです。

④与えられた条件の中で違いを生み出している

リーダーは、制約がある中でも解決策を見いだし、チームを成功へ導く責任があります。「時間がないからできませんでした」「人手が足りないので無理でした」など、「○○がない」とリソースの不足を嘆くのは、不適切な言い訳です。

リーダーに求められているのは、「与えられた条件の中で、どう違いを生み出すか」です。結果が出せないのは、条件が整っていないからではなく、リーダー自身の知性や戦略が不足しているからです。

リーダー1人の力では解決が難しい場合、チーム全体の力を結集し、協力して課題に立ち向かうことが大切です。

「○○がないからできない」と考えるのではなく、

「○○を実現するためにどのようにすればよいか？」

と前向きに思考を転換する。「でも」「だって」「どうせ」と否定的な言葉で片づけるのではなく、

「だからこそ、○○する」

と前向きに捉えることで、結果は大きく変わります。

自己認識力を持つリーダーは、自分の感情や思考の傾向を理解しているため、偏見や先入観にとらわれず、客観的な意思決定が可能です。これにより、厳しい条件下でも最適な解決策を見いだすことができます。

⑤コミュニケーションの質が高い

ビジネスの根底には、常に「コミュニケーション」が存在しています。ビジネスの質や人生の質は、まぎれもなくコミュニケーションの質で決まります。

コミュニケーションには大きく2つあります。

ひとつは、「他の人と行うコミュニケーション」。もうひとつは「自分が、自分の頭の中で、自分自身と行うコミュニケーション」です。

自分自身に語りかける内なる言葉（自分に向けた言葉）やものの見方が、自分自身の行動や習慣を決めています。たとえば、失敗したときに「自分はダメだ」と自分に教えるのか、「成長のきっかけを得た」と自分に教えるかで、その後の行動や成果が大きく変わります。

この世で唯一逃げられないものがあるとすれば、それは自分自身です。優れたリーダーは、「人生も、仕事も、自分自身のものの見方で決まる」ことを理解しているため、自分とのコミュニケーションの質を高めています。

あなたがどんなリーダーになるかは、「1人のとき」で決まると言っても過言ではありません。この時間を大切にして、固定観念を手放していきましょう。

第1章

［思考自由度］

「思考の自由」を手に入れるための8つのポイント

いいリーダーは「思い込みや先入観から自由にものごとを考えている」

多くのリーダーがとらわれている「思考の檻《おり》」

「太陽は動いてますか？」

と聞かれたら、あなたはなんて答えますか？

まずは「動くとは何か？」を定義する必要があるでしょう。

それがどのような文脈なのか、どこから見ているかによって、答えは変わります。

地球から見れば「動いていない」ともいえますが、銀河から見れば「地球より速いスピードで太陽は動いている」のです。

成果が出せないリーダーの多くは、無意識のうちに「自分の考えや戦略は正しい」と信じて疑わない状態に陥っています。

この状態を、私は「思考の檻《おり》」と呼びます。

「思考の檻」の住人は、「こうでなければならない」という自分の正義に縛られ、柔軟な発想ができなくなっています。

たとえば、次のような「無意識の正しさ」が、組織に不自由さをもたらしています。

リーダーがとらわれがちな「思考の檻」

○自分が上司から受け継いだ古いルール

長年受け継がれてきたやり方を「伝統」として守り続け、新しいアプローチを排除してしまう。

○過去に成功した方法への執着

過去の成功体験に固執し、時代や状況が変化しても同じ方法に頼り続ける。

○幼少期や社会的常識から植え付けられた固定観念

たとえば、「仕事とは厳しくあるべきだ」「失敗は恥ずかしいことだ」といった価値観が変化を妨げる。

○業界特有の「当たり前」への依存

「この業界ではこうするのが常識」という暗黙のルールにとらわれ、他業界からの革新的な方法を受け入れられない。

○「役割」に基づく固定観念

「リーダーは指示を出すべき」「部下は指示を守るべき」といった役割に基づく思い込みが、組織内の対話や協力を妨げる。

○組織内のヒエラルキー（階層）意識

「立場が上の人間が常に正しい」という無意識の思い込みにより、部下の提案や意見を軽視してしまう。

○**新技術や若い世代への偏見**

「新しい技術は信用できない」「若い世代には経験が足りない」と決めつけ、未来への可能性を閉ざす。

○**「完璧でなければならない」という強迫観念**

完璧主義に陥り、挑戦やリスクを避け、安全な選択肢ばかりを選ぶ。

こうした思い込みに縛られると、柔軟な判断ができなくなって、組織の成長を妨げます。

リーダーの正義が、組織と部下を不自由にする

リーダーが「思考の檻」にとらわれていると、他者の意見や行動が自分の考えを否定しているように感じます。その結果、周囲の人に対しては、怒りや苛立《いらだ》ちといった感情が表面化します。

リーダーが自身の正義を振りかざす背景には、多くの場合、リーダー自身が無意識に抱えている「こうあるべきだ」という思い込みが存在しています。

私たちが信じる正義は、これまでの経験から形づくられたものです。そのため、自分の考えや行動が否定されたり無視されたりすると、強い違和感や怒りを覚えます。自分の信念と矛盾する意見への不快感、自尊心が脅かされることへの不安、他者を従わせたいという欲求の挫折などが理由です。

また、リーダーが「思考の檻」にとらわれていると、世の中で起こっているさまざまな事象に対する把握の仕方も偏ってしまいます。その結果、的外れな策を打ち出してしまったり、本質的でないことに奔走《ほんそう》したり。その時々でいい業績につながることがあっても、組織の継続的な成長にはつながらないものです。

何が起こっているのかを適切に把握し、手を打っていくためには「こうあるべきだ」「こうなるはずだ」という「思考の檻」から脱却し、フラットに考えることが不可欠なのです。

「好き・嫌い」「良い・悪い」もまた思考の檻

自分のフィルターという檻

リーダーとして、私たちは日々さまざまな出来事や人々に対して「好き・嫌い」や「良い・悪い」といった評価を下しています。

ですが、これらの評価は私たち自身のフィルター、つまり、ものの見方を通じて生まれた主観的なものであり、本来、対象そのものに特定の意味づけはありません。

たとえば、同じ状況でも人によって感じ方や捉え方が異なることはありませんか？違いが出るのは、各自が持つ先入観や経験が影響しているからです。自分と相手で感じ方や捉え方が違ったときに、まず「自分が正しい／相手が間違っている」と感じたとしたら、それは先入観にとらわれた、偏った考え方です。

では、先入観による偏った考えをなくすためには、どのようにしたらいいのでしょうか。本章では、リーダーがフラットな視点を持つために、「自分のものの見方の傾向」を知り、自己認識（＝自分の思考のクセを知ること）を深めることで、部下や組織の状況を健全に捉える力を養うことを目指します。

フラットな視点を身につけるための「思考の自由度」

繰り返しになりますが、リーダーにとってものごとをフラットに観察し、意味づけせずに受け入れる姿勢は大切です。

このことは、多くの書籍でも指摘されており、多くの場合、次のような形で説明されています。

- コップに水が半分入っているとき、「あと半分しかない」と不愉快に思うのも、「まだ半分ある」と喜ぶのも、その人の主観である。「まだ半分」「もう半分」という解釈から離れて、「コップに水が半分入っている」という事実をありのまま受け取ること。
- 「自分は今、部下の意見に対して否定的な反応をしているのではないか?」「自分は今、自分の好き嫌いだけでものごとを決めつけたのではないか?」などと、自分の思考を振り返って、自分の内面の動きを把握すること。

しかし、こうした対症療法的な取り組みもまた、「こう見るべき」「こう考えるべき」という思考のとらわれに過ぎません。

リーダーにとってまず重要なのは、「部下が今、どういう状態にあるのか?」「今、ものごとがどういう状況にあるのか?」「自分たちのビジネスは、どういう環境にあるのか?」などをフラットに見て、理解することです（フラットなものの見方について詳しくは、93ページで説明します）。

そして、その前提として、「自分の内面の状態」の把握が欠かせません。

たとえば、イライラしているときや「こうあるべき」という思い込みにとらわれている状態では、部下の本来の姿をフラットに捉えることは困難です。リーダーが自分のイライラに気づかずに部下を叱ると、部下は「何が問題だったのか」よりも、リーダーの感情的な態度にばかり意識が向いてしまい、本来の課題に向き合う機会を失ってしまう可能性があります。

あるいは、「顧客はこう考えるはずだ」などという思い込みにとらわれている状態では、本来のニーズを捉えることはできないでしょう。リーダーが本質をつかみ損ねている状態でチームを牽引しようとしても、うまくいくはずがありません。目の前の対応ばかりに追われて、中長期的な手を打てなくなってしまうでしょう。

自分の内面に気づき、偏りのない視点を持つリーダーは、部下の可能性を引き出し、組織全体を成長させる存在です。このようなリーダーは、変化の激しい時代においても信頼を集め、新たな価値を生み出し続けることができます。

フラットなものの見方を磨くことが、これからのリーダーシップの鍵となるのです。

自由なリーダーが組織と部下を育てる

「リーダーの自由な思考」で周囲の人も考え始めるようになる

リーダーが「こうあるべきだ」という正義を押し付けると、部下たちの選択肢はひとつに限られてしまいます。このような指導は、一部の部下の共感を得られるかもしれませんが、それ以外のメンバーには窮屈さや不満を感じさせる原因となります。

上司が「この方法だけが正しい」と決めつけた場合、部下は自らの意思で考えたり行動したりする余地を失います。これでは、組織全体が停滞し、活気が失われてしまいます。

一方で、リーダーが「こうあるべきだ」を手放し、部下に自由を与えるとどうなるでしょうか。部下が自ら意思決定を行える環境では、自然と活気が生まれ、仕事に対する喜びや自主性が増していきます。

リーダーシップとは、リーダー自身の正しさを部下に教えることではありません。むしろ、自分自身の正義を疑い、部下とともに考え、成長していく柔軟性が大切です。

「リーダーの自由な思考」が組織の成長につながる

リーダーが自分の思考を自由にすることで、部下にも自由な発想や行動を許容できるようになります。

部下の提案を積極的に受け入れたり、意思決定の場で意見を共有する機会を設けたりすることで、メンバーが自ら考え、行動する余地をつくり出すことができます。

逆に、リーダーが自身の正しさを押し付けると、部下はその枠の中でしか動けなくなり、自由な発想や挑戦が生まれなくなります。この状態では、組織としての成長や新しい成果を期待するのは難しいでしょう。

リーダーには、自分自身が思考の自由を持つだけでなく、組織にもその自由を提供する責任があります。部下に自由を与えるとは、単に「好きにしていい」と放任することではありません。

彼らの意見やアイデアを尊重し、ともに考え、意思決定を支えることです。

「リーダーの自由な思考」が結果の次元上昇をもたらす

「結果の次元上昇」とは、従来の成果を超えて、質的にも量的にも飛躍的に高めることを意味しています。

結果の次元上昇がもたらすメリット

○ 競争優位性の確立／従来の枠組みを超えた成果は、他社との差別化を生み出す。
○ 組織の成長加速／メンバー全体が新しい視点や考え方に触れることで、学びと成長が加速する。

○ 意欲の向上／従来以上の成果を目指す挑戦は、個人やチームの士気を高める。

単にいい結果を得る以上の次元上昇を実現するには、既存の枠組みや考え方を超えて、まったく新しい視点や方法を取り入れることが必要です。

結果は、「前提」「考え方」「やり方」の3つの要素の掛け算で決まります。

・結果＝「前提×考え方×やり方」

これまでと同じ前提、考え方、やり方を維持したままでは、得られる結果は変わりません。次元上昇を目指すには、これらの要素をひとつずつ再検討することが不可欠です。

結果を次元上昇させるための「思考の自由化」3つのアプローチ

○前提を見直す

「前提」とは、組織や個人が当たり前だと考えている思い込みやルールのことです。たとえば、「この市場ではこれ以上成長できない」という前提があれば、それに基づく行動も限定されたものになります。

しかし、この前提を「まだ手つかずの市場があるかもしれない」と置き換えることで、新たな行動が生まれる可能性があります。

この「前提」についての思考の檻からの脱却は、本章の目的のひとつです。

○考え方をアップデートする

リーダーの思考が従来のやり方や過去の成功事例にとらわれていると、次元上昇を目指すことは難しくなります。

「これまでこうだったからこうするべきだ」という思考を捨て、ゼロベースで現状を捉え直す姿勢が求められます。

この「考え方のアップデート」のためにもまた、思考の檻からの脱却が不可欠です。

○やり方を進化させる

やり方は、前提や考え方が変わることで自然と進化します。新しいツールや技術を取り入れたり、チームの運営方法を見直したりすることで、創造的な行動が可能になります。

リーダーの思考の自由度を上げることは、前提・考え方・やり方すべてのアップグレードにつながります。

リーダーが「思考の自由」を実践することで、部下もまた自由な発想を持ち、組織全体のパフォーマンスが向上します。組織内に思考の自由が広がれば、そこから次元上昇した大きな成果や革新が生まれるのです。

さっそく次の項目から、リーダーの思考を自由にするために「1人の時間」にできることを見ていきましょう。

思考自由度

1 「確かさ」よりも「創造性」の優先度を上げておく

確かさを追求すればするほど、思考がとらわれていく

多くのリーダーは、組織の目標を達成するために、業務の確実性を重視します。新企画の提案を顧客データの徹底的な分析から始めたり、今の自部署でできることから逆算して考えたりするのはその典型です。

しかし、確かさを追求しすぎることが、かえって目標達成を妨げる原因になる場合があります。その理由は、「確実性」は「思考の檻」と表裏一体だからです。そして

「確実性」と「創造性」は相反する性質を持っています。

確かさを求めるほど、人や組織が檻にとらわれるリスクが高まります。そして、「確実性が高いものほどうまくいく」という保証はありません。未知の可能性を探求し、多様な視点を受け入れる柔軟性がなければ、人にも組織にも成長はないのです。

より確実性の高い企画か創造性の高い企画かで迷った場合には、「確実性を選ぶことが、檻で自らを囲うことになりうる」という自覚を持つことです。そして、1人の時間を活用して、「確かさ」と「創造性」のバランス感覚を整えておきましょう。

確かさを追求すると自由が失われる4つの理由

①既存の枠組みを超えられなくなる

「確かさ」とは、過去に証明されたことや実績、成功した方法に基づくものです。そのため、確かさを重視すると、新しいアイデアや未知の領域に挑戦する発想が抑えられてしまいます。創造性は未知を探求する力なので、確かさ（＝過去）に固執した場合、既存の枠組みを超えられなくなります。

②挑戦する意欲が削がれる

確かさを追求する環境では、「失敗してはいけない」というプレッシャーが高まります。しかし、創造的な取り組みには失敗がつきものであり、試行錯誤を経て形になるものです。失敗を恐れることで、新しい挑戦への意欲が失われ、創造性を発揮できなくなります。

③多様な視点が排除される

確かさを求める過程では、ものごとをひとつの「正解」に収束させようとする傾向があります。その結果、異なる意見を受け入れる余地を狭めます。

そもそも、ひらめきは神聖なものです。なぜなら、自分の人生にまつわるものしかひらめきようがないからです。つまり、どこまでも個的な性質を持っているのがひらめきです。その可能性を脳内で窒息死させてはなりません。

④精神的なマンネリを引き起こす

過去の成功事例の模倣は、エネルギーを消耗させます。「すでにある仕事のやり方」を繰り返す作業には、新しい発見や学びが少なく、創造性を刺激する要素が欠けています。同じことの繰り返しは、精神的なマンネリを引き起こします。

一方で、創造的な取り組みは、新たなエネルギーを生み出し、個人や組織を前進させる原動力となります。エネルギーを高めるには、自由な思考や新しい挑戦が欠かせません。

ビジネスの本質は、組織の力で正解をつくり出すこと

リーダーの多くは、成功事例や過去のデータを参考に「正解」を見つけ出そうとします。しかし、ビジネスの本質は、既存の正解を探すことではありません。「どれが正解かわからない状況で、組織全員で正解をつくり出すこと」です。

ビジネス環境は急速に変化しており、過去の成功法則だけでは対応しきれない場面が増えています。そのため、創造性を発揮し、新たな価値を生み出す能力がますます求められています。

リーダーの最大の役割は、組織メンバーが自由に発想し、行動できる環境を整えることです。そのためにはリーダーが1人の時間を効果的に活用し、思考を整理することが重要です。**リーダー自身の柔軟な視点が部下のエネルギーを引き出します。**

「成功」への密かな恐れが、チャレンジをより難しくする

多くのリーダーが挑戦を避ける理由として、一般的には「失敗への恐怖」が挙げられます。しかし、実際には「成功への恐怖」が大きな障壁となっている場合がありま す。成功は本来、嬉しいことです。それなのになぜ、成功を恐れるのでしょうか？

成功の恐怖は、多くの人が経験する心理的現象です。人は成功を望む一方で、成功がもたらす変化や責任に対して無意識のうちに抵抗感を抱くことがあります。この心理的な壁が挑戦を妨げる要因になっています。

成功が恐怖につながる3つの理由

①期待のプレッシャー

成功すると周囲からの期待が高まり、「次も成功しなければならない」というプレッシャーを感じます。その期待に応えられない可能性を不安に思い、挑戦が億劫《おっくう》になります。

②責任の重さ

成功は新たな役割や責任を生むことがあります。「成功するとリーダーシップをさらに求められる」「大きなプロジェクトを任される」といった状況を想像し、その責任の重さに圧倒されることがあります。

③人間関係の変化

成功がきっかけで周囲との関係が変わることを恐れる人もいます。たとえば、同僚との距離が広がったり、嫉妬や批判を受けたりする可能性を恐れることがあります。

成功への恐怖心は、緊張やプレッシャーとしてあらわれることがあります。

スピーチの緊張

結婚式のスピーチで多くの人が緊張するのは、「うまくやれる可能性がある」からです。「できなかったらどうしよう」という不安は、できる可能性があるから沸き起こります。「絶対に失敗する」と確信している場合、緊張は生まれず、落胆がおもな感情になります。この緊張は、成功の可能性に対する期待が引き起こすものです。

スポーツでの緊張

「9回裏2アウト満塁」の場面でバッターが緊張するのは、「ヒットを打てる可能性がある」からです。絶対に打てないとわかっている選手は、緊張するのではなく落胆します。ピッチャーももちろん同様です。

このように、「失敗したらどうしよう」という恐怖より、実は成功への可能性を無意識は察知し、リラックスできなくなります。同じメカニズムが、ビジネスシーンでも同様に働くのです。

成功への恐怖心を乗り越えるには、「成功してもいい」と自分に許可を与えることが大切です。この自己許可の効果は次の通りです。

自己許可の効果

○ プレッシャーが和《やわ》らぎ、リラックスして挑戦できるようになる。
○ 成功後の責任や周囲からの期待に対する不安が軽減される。
○ 成功への抵抗感が減り、自信を持って行動できるようになる。
○ よりよいパフォーマンスを発揮し、次の成功につなげられる。

「成功への恐れがあるかもしれない。自分はそれを越えて成功していい」というリーダー自身の気づきと成功への許可は、組織全体への「挑戦していい」「成功していい」というメッセージとなって伝わります。リーダーが自身を見つめ直し、とり直した姿勢が、組織全体の行動に大きな影響を与えるのです。

「成功への恐怖」は、多くのリーダーが無意識に抱える心理的な壁であり、心理学では「成功恐怖理論」として知られています。「成功への恐怖」を理解し、自分に「成功してもいい」と許可を与えることで、新しい挑戦に前向きに取り組めるようになります。

リーダーとして組織を導くには、未知の可能性を受け入れる勇気が必要です。成功への恐怖心を克服した先にこそ、新しい挑戦と大きな成果が待っています。

「後出し」よりも「先渡し」

確実性にとらわれた「交換条件の思考」もまた、組織の成長を妨げる一因です。

交換条件の思考とは、「これをしてくれるなら、こうしてあげる」という条件付きの行動を指します。たとえば、以下のような発言がその典型です。

「部下が目標を達成したら、ボーナスを出す」
「部下が成果を上げたら、信頼する」
「部下がミスをしなければ、仕事を任せる」
「給与を上げてくれるなら、本気を出す」

「休みが増えるなら、もっと頑張る」

このような条件付きの姿勢は、思考の檻そのものです。相手の出方を見てから行動する「後出し」の態度では、新しいアイデアや挑戦が必要とされないからです。

一方で、「先渡し」の姿勢は、結果がわからなくても自分から先に行動を起こすことを意味します。

リーダーは確実な見返りを期待するのではなく、未来の可能性に賭《か》けて創造的に行動する必要があります。この姿勢こそが、新たな価値を生み出します。

思考自由度を高めるための創造性の育み方

創造性を育むには、現状の枠を超える挑戦が必要です。たとえば、私がコーチングを行う企業では、非常に高い「ストレッチゴール（挑戦的な目標）」を設定していただきます。このような目標には、現状のリソースや能力を超える挑戦が求められます。

しかし、人手が足りない、設備が足りない、時間が足りない、予算が足りない、現実的ではない、といった理由で目標を低く見積もるリーダーもいます。

達成可能な目標は、既存のスキルや知識の範囲内で対応できますが、それでは創造的な解決策は必要ありません。「今までと同じやり方でいい」からです。

一方、ストレッチゴールの達成には、従来の考え方を超えたアイデアや工夫が必要です。この過程で創造性が刺激され、組織全体が成長します。

目標を設定する際には、

「達成できると確信しているから行動するのか？」

という問いを自分に投げかけることが大切です。

たとえば、愛する人にプロポーズをする際、「この人と添い遂げたい」と思うからこそ告白するのであって、「相手がプロポーズを受け入れてくれる」という可能性が高そうだから告白するわけではないはずです。

同じように、**条件依存せず、自らの志や信念に基づいて「先渡し」で行動することが重要であり、その姿勢が真の目標達成につながります。**

「条件」よりも「貢献」に意識を向ける

交換条件の思考から抜け出すには、「どんな結果が得られるか」ではなく、**「自分がどのように貢献できるか」**に意識を向けることが大切です。

たとえば、ミツバチは地球に貢献するつもりで蜜《みつ》を運んでいるわけではありませんが、その活動は結果的に生態系を支えています。

同じように、私たちも見返りを考えずに「今、自分に何ができるか」を考えることで、結果的に大きな貢献につながるのです。

たとえば、会議に臨むリーダーが、

「この会議でどんな貢献ができるか？」

「部下の創造性を引き出すために自分にできることは何か？」

「部下が自由に意見を述べられる環境を整えるために、自分ができることは何か？」

と考えていれば、リーダー自身に、そして部下にも、創造的な視点が生まれます。

リーダーが条件付きの行動ではなく、無条件の貢献を重視することで、組織全体にその姿勢が浸透します。

貢献に焦点を当てるおもなメリット

○ 報酬や見返りではなく、自己成長や他者への影響を考えるようになる。
○ 交換条件の思考は短期的な利益を求めるが、貢献志向は長期的。長期的な視点を持つことで、安定した成長が期待できる。
○ 自己中心的な考え方から他者志向の考え方になる。チームワークが強化され、組織全体の成果向上につながる。
○ 思考が柔軟になるため、新たな視点やアイデアを受け入れやすくなる。
○ 組織全体の成果や社会への価値提供に注意が向くため、顧客視点での思考が進む。

常に「今、自分に何が可能か？」「自分がやろうとしていることがどのような貢献につながるか？」と問いかけることで、交換条件の思考から抜け出すことができます。

多くの人はものごとを損得で考えがちですが、打算を超えて、「周囲にどのように貢献できるか？」「リーダーとして、部下に貢献できることは何か？」を考えることで、ものの見え方が変わってきます。まず自分から行動する「先渡し」の姿勢が、チームの創造力を引き出すのです。

思考自由度を高めるための「1人の時間」の使い方①

1人の時間に、自分が「先に」どんな貢献ができるかを考えておく。

思考自由度

2

フラットに見る「観察力」を身につける

部下やものごとを○か×かで判断せずに「フラットに見る」ということ

自由な思考の前提となるのは、「ものごとをフラットに観察する力」です。


フラットにものごとを見ることができれば、

「問題の本質を見極める」

「組織の状況や市場の変化を迅速に察知できる」

ため、適切な対応策を講じることができます。

同様に、部下をよく観察することで、彼らの強みや可能性を発見できます。人は自分の能力や特性をすべて把握しているわけではなく、心理学でいう「ジョハリの窓」の「盲点」や「未知」の部分が多く存在します。リーダーは、部下自身が気づいていない強みや可能性を見つけ、それを引き出す役割です。

この点で、フラットにものごとを見る力というのは、組織のマネジメントの必須能力といえるでしょう。

優秀なリーダーは、「部下のグラデーション」を見逃さない

ただし、フラットに見るというのは、言葉でいうほど簡単なことではありません。あなたのチームのメンバーの1人を、今ちょっと頭に思い浮かべてください。そしてその人に、あなたがどういう印象を持っているかも、考えてみてください。

もしあなたがこのときに、その部下を「できる／できない」「しっかりしている／

問題が多い」などといった二元的な評価（2つの明確な基準に分けて判断すること）で捉えているとしたら、あなたはその部下をフラットに見ているとは言えません。

たとえ「できない」部下でも、その多くは「できつつある」「成長しつつある」といったグラデーション（中間）の中に位置しています。

人は一歩ずつ成長するものです。それをリーダーが、

「いつまでも頼りないヤツだ」

など、決めつけて認識していたら、本当は日々の言動や態度にあらわれているはずの「成長の兆《きざ》し」が見過ごされていることに他なりません。リーダーがフラットに見ていないことによって、部下への適切なサポートの芽が摘み取られ、部下のさらなる成長のチャンスが失われることになるのです。

部下が新しいスキルを試していたりしませんか？　いつもより積極的に意見を述べていないでしょうか？　こうした些細《ささい》な変化も見逃さない観察力が求められるのです。

見過ごしてはいけない変化の兆候

○部下が自分で工夫を始めた

自分で方法を考えたり、既存のプロセスに改善を加えようとしたりしている。

○成果はまだ見えていないが、試行錯誤している

新しいアプローチを試し、失敗を繰り返しながらも学ぼうとしている。

○周囲の意見を積極的に取り入れ始めた

他のメンバーの意見を積極的に聞き、取り入れる姿勢が見られる。

○質問の質が向上している

表面的な質問ではなく、本質を理解しようとする深い質問をするようになった。

○自らタスクを提案する

指示を待つのではなく、自分からやるべきことや改善案を提案し始めた。

○他者をサポートし始めた

自分の仕事だけでなく、チームの他のメンバーの作業を手助けしようとする姿勢が見られる。

○スキルアップの努力をしている

自主的に学習を始めたり、スキルを向上させるためのトレーニングや本を読んだりしている。

○責任感が増している

タスクを完遂しようとする意識が高まり、締め切りを守る行動が見られる。

優れたリーダーは、結果だけに焦点を当てるのではなく、プロセスや変化の兆しを重視する姿勢を持っています。この視点が部下の意欲を高め、組織全体の成長を加速させます。

リーダーに求められているのは、「できている」「できていない」をジャッジするこ

とではなく、「できつつある」「変わりつつある」を見逃さないことです。

生活リズムの変化を見逃さない

部下をフラットな目で観察しようとしていると、生活習慣や行動パターンの変化にも気づくでしょう。こうした変化は、彼らの心理状態や意欲の変化を示す重要なサインです。

見過ごしてはいけない日常の変化

- ○ 出勤時間が遅くなったり早くなったりしている。
- ○ 食事や休憩時間のパターンが変わった。
- ○ 睡眠不足が続いている兆候がある。
- ○ 周囲とのコミュニケーションの頻度が減った。
- ○ 身だしなみや服装が乱れている。
- ○ 突発的な休暇や早退が増えた。

こうした変化を早期に察知することで、部下が抱えるストレスや課題を把握し、早めにサポートできます。相談の場を設けたり、業務量の調整を検討したりすることで、部下の成長を支えられるでしょう。

リーダーに求められるのは、部下や組織全体の「変化の兆し」や「成長のグラデーション」を見逃さない観察力です。部下が自覚していない強みや可能性を引き出すことで、組織の成果を最大化することができます。

フラットに見る観察力をつけるには？

フラットに見る観察力をつけるために、1人の時間を活用した3つのワークを紹介します。

①「いったんどちらでもいい」にするワーク

このワークは、その名の通り「いったんどちらでもいい」にします。

たとえば、あなたが相手に対して、「もっと感謝すべきだ」と憤っていたとしましょう。このときにあえて、「相手はあなたに感謝してもいいし、しなくてもいい」と真ん中に心を置き直してみるのです。

あるいは、「部下は私の言うことを、もっと素直に受け取るべきなのに」とため息が出そうになったなら、このときも「素直に受け取ってくれてもいいし、くれなくてもいい」と、やはり自分を真ん中に置きます。

これを、ことあるごとにやり続けると、不思議なことに現実が必ず変わり始めます。

私自身も、この「いったんどちらでもいい」にするワークをしていたことがあります。

コーチングでセッションをする際に、「価値の貢献ができなかったらどうしよう」と悩んでいた時期がありました。「存在価値を示したい！　示さなければ！」という力みが、悪影響となっていました。

そこで、「貢献できてもいいし、できなくてもいい。存在価値を示してもいいし、示さなくてもいい」と、いったん心を真ん中に置いてみることにしました。するとそのとたんに、クライアントＣＥＯとの関係は良好になり、セッションでも大きな違いが生まれていきました。それ以来、多くのクライアントが、過去最高の売上と利益を更新し続けています。

②「4つの質問」ワーク

自分が執着している思考や感情をどうしても手放せないときは、バイロン・ケイティー氏の4つの質問を自分にすると効果覿面《てきめん》です。その質問とは、

1　それは本当ですか？
2　それが本当だと、絶対に言い切ることができますか？
3　その考えを信じると、あなたはどうなりますか？
4　その考えがなければ、あなたはどのような人間になりますか？

と、自分に問うことです。たとえば、「あいつはダメな奴だ」という思考になってしまったときは、次のように自問自答します。

1　それは本当ですか？　↓「本当だ」

2　それが本当だと、絶対に言い切ることができますか？
↓「絶対言い切れる……（はずだ、あるいは言い切れるかな）」
3　その考えを信じると、あなたはどうなりますか？
↓「あいつと話す度にムカつく」
4　その考えがなければ、あなたはどのような人間になりますか？
↓「懐深いリーダー、寛容な人間になれる」

たいていは、2の質問で心が触れ始め、3の質問で「自分でそうなるように仕向けている」ことに気づき始めます。そして、4でそれを手放す用意ができ始めたことに気づくのです。

③「部下の目に見えない貢献」を整理するワーク

日々の業務の中で得ている部下の情報を整理してみましょう。このときにとくに注目してほしいのが、「目に見えない貢献」です。

成果が目に見える仕事は、評価が簡単です。たとえば警察官の場合、犯罪者を逮捕する行動は「逮捕件数」という具体的な数字で成果が示されます。

一方で、日々のパトロールで犯罪を未然に防いでいる警察官の活動は、数字にあらわれないため、評価されにくい傾向があります。

同様の評価は、スポーツの世界でも見られます。たとえば、野球では観客を沸かせるダイビングキャッチは、「華麗なファインプレー」として目立ちます。

一方、打者の傾向を分析し、守備位置を微調整して打球を処理する堅実なプレーは、目立たないものの「隠れたファインプレー」として重要です。

犯罪者を逮捕する警察官の行動は「表の貢献」、犯罪を未然に防ぐ巡回警察官の活動は「裏の貢献」。ダイビングキャッチをする選手のプレーは「表の貢献」、守備位置を調整して確実に打球を処理するプレーは「裏の貢献」です。

ビジネスにおける表の貢献と裏の貢献の例

○ 表の貢献／営業担当者が新規顧客を獲得し、売上を直接向上させる活動。

○ 裏の貢献／営業事務スタッフが顧客データの管理を行い、営業担当者が業務を遂行できるようサポートする活動。

○ 表の貢献／カスタマーサポート担当者が問い合わせに迅速に対応し、顧客満足度を向上させる取り組み。

○ 裏の貢献／マニュアルの更新、システムの改善提案など、顧客対応の質を向上させるための内部的な取り組み。

○ 表の貢献／新しいシステムやアプリケーションの導入により、業務効率を向上させる活動。

○ 裏の貢献／既存システムの保守メンテナンスなど、日常的なIT環境の安定運用を支える活動。

具体的な実績や目に見える成果への評価は、フラットな観察力がなくても可能です。しかし、目立たない活動や組織を支える裏方の努力を適切に評価できるのは、フラットな視点を持つ知性的なリーダーだけです。

1人の時間に、目に見えない貢献を評価する習慣をつけることは、この視点を持つための訓練につながります。

思考自由度を高めるための「1人の時間」の使い方②

1人の時間に、「フラットに見るワーク」をやってみる。

思考自由度

3 自分の思考を客観視する

「どうして、その見方が健全だといえるのか？」

リーダーにとって、自分の思考を客観視することは、組織を導く上で重要です。客観的な自己理解ができれば、自分の思考が自由かどうかを正しく認識することができます。この認識ができてはじめて、本当の意味で思考の自由を手に入れることができたといえるでしょう。

自分の思考を客観視することを通して、思考が自由になり、偏った判断や感情的な反応ではない冷静な意思決定が可能になります。

ここで、あなたが自分の思考を客観視できているかを確かめる質問を紹介します。

あなたが下した判断や評価について、

「どうして、その見方が健全だといえるのか？」

と問いかけてみてください。その問いに、何か答えられることはあるでしょうか？

本当に客観視できていて下した判断や評価であれば、健全である理由も説明できるはずです。反対に、その理由が「なんとなく思ったから」「前回もこうだったから」などで客観的に健全だといえないならば、その時点で一度立ち止まり、考え直す必要があるでしょう。

自分の思考を客観視するトレーニング

自分の思考を客観的に捉えるための具体的な方法を紹介します。ぜひ、1人の時間に実践してください。

①通勤時の心象風景を振り返る

心象風景とは、心に浮かんだ像や思考のことです。出勤時や退勤時に自分の気持ちや考えを観察することは、自己理解を深める一歩です。

たとえば、出勤時に憂鬱《ゆううつ》さを感じる場合、その原因を探ることで、自身の働き方についての洞察が得られます。

○ 習慣化の提案／出勤時や退勤時に自分の気持ちを整理して、「自分は今、どういう感情か。この感情が湧いた理由は何か」を自問する。

②時間をあけて振り返る

ものごとを客観的に評価するには、一定の時間をおいて再評価することが有効です。

たとえば、重大な意思決定やプロジェクトの振り返りを直後に行うと、感情や先入観が影響しやすくなります。時間を置くことで冷静さを取り戻し、新たな視点から考え直すことができます。

○ 習慣化の提案／毎週または月ごとに、自分が下した意思決定や行動を振り返る時間を設ける。「そのときの判断は最善だったか？」を再考する。

③リフレーミング(Reframing)

リフレーミングは、ものごとを異なる視点から捉え直す方法です。単なるポジティブ思考とは違って、現状の枠組みや前提を疑い、思考をより柔軟にするアプローチです。

一般的にリフレーミングは「言い換えの技術」だと解釈されています。しかし、「些細なことで悩む→細かいところに気がつく」「長続きしない→さまざまなことに興味を持つ」など、定型的なフレーズを用いるだけでは、思考をフラットに戻すことはできません。

Aという言葉をBという言葉に置き換えるだけではなく、Aという思考をつくった「前提」や「思い込み」を揺さぶる必要があります。

○ 習慣化の提案／「自分の考えにはどんな偏りがあるだろうか?」「別の視点で見たら、どのように感じるだろうか?」を自問する。

---

④「ChatGPT」を活用する

ChatGPTを活用することで、自己分析や思考の整理を効率的に進めることができます。ChatGPTは、リフレーミングやフィードバックを得るのに役立ちます。

○ 具体的な方法／

ジャーナリング……日々の考えや感情を書き出し、ChatGPTに入力して整理することで、思考パターンを可視化する。

フィードバック……自身の考えや判断について質問し、客観的なアドバイスを得る。

リフレーミング……難しい問題に直面したとき、ChatGPTに別の視点や解釈を尋ねて洞察を得る。

○ 自問自答の補助／自分自身の選択や行動についてChatGPTを通じて問いかけることで、より深い分析が可能になる。

○ 過去の振り返り／ChatGPTとの会話履歴を保存し、後から見返すことで、自分の成長や変化を確認する。

通勤時の内省や時間を置いた振り返り、リフレーミング、さらにChatGPTの活用など、これらの習慣を日常的に取り入れることで、思考を客観視する力が養われます。

思考自由度を高めるための「1人の時間」の使い方③

「自分の思考を客観的に捉える方法」を試し、自分に合った方法を見つける。

思考自由度

4 外の世界にフォーカスする

外の世界を観察するほど、内面への洞察が深まる

ある程度内面と向き合ったら、今度は「外の世界」に目を向けることが大切です。

なぜなら、**私たちの内面は、外の世界に投影されている**からです。

「外の世界」とは、家族や友人、同僚、部下といった日常的に接する人々や、身のまわりの出来事や状況を指します。これらを観察することで、

「自分自身の思考や感情が、他者や環境にどのような影響を与えているのか」

を知ることができます。

たとえば、部下が会議中に困惑した表情をしている場合、それはリーダーであるあなたの思考が整理されていなかったり、説明が不明瞭だったりする可能性があります。また、職場全体の雰囲気がピリピリしていると感じるなら、それはあなたのストレスやプレッシャーが無意識に周囲に影響を与えているのかもしれません。

身近な人々の表情や行動は、リーダー自身の言動や感情を映し出す「鏡」です。この「鏡」に映った自分を注意深く観察することで、自分の内面的な状態を理解するヒントを得ることができます。

とくに、部下の振る舞いはリーダーの影響を受けやすいため、単に部下を非難するだけでは問題の本質は解決しません。それはむしろ、自分自身を見直すチャンスです。

自己理解のプロセスを説明する比喩《ひゆ》として、私は「ミキサー」をよく用います。ミキサーは、さまざまな材料を混ぜ合わせ、新しい形に変える調理器具です。この比喩は、自分の思考や感情、価値観が組み合わさることで、現実がつくられることを示しています。

現実が望ましくないと感じる場合、「ジュース（現実）」を一からつくり直す必要があります。そのためには、使用する材料、つまり自分の思考や感情、価値観を見直し、新たな組み合わせを模索する必要があります。このようにして現実を脱構築することで、自分自身とその周囲の世界をよりよいものに変えることができるのです。

たとえばミックスジュースは、組み合わせるフルーツによって味わいが変わります。

「桃＋バナナ＋牛乳」→濃厚でクリーミーな味わい

「リンゴ＋キウイ＋パイナップル」→爽やかな味わい

「マンゴー＋オレンジ＋ヨーグルト」→甘み、酸味、さっぱり感が調和した味わい

同様のように、私たちの現実もミキサーにどういう材料（ものの見方や価値観、感情など）を入れるかで変わります。

目の前の現実の見え方は、内側の状態が決めている

○「楽観的な思考＋喜びの感情＋成長を重視する価値観」

→新しい経験や学びを積極的に受け入れ、自己成長を追求する

○「批判的な思考＋怒りの感情＋正義を重んじる価値観」
↓不正や不平等に対して強い反発心を抱く

○「創造的な思考＋驚きの感情＋美を追求する価値観」
↓美しさや独自性を大切にし、独創的な作品や解決策を生み出す

○「分析的な思考＋不安の感情＋安全を求める価値観」
↓慎重な判断と準備を行い、安心感を得ることを目指す

○「柔軟な思考＋悲しみの感情＋共感を大切にする価値観」
↓感情の機微を理解し、思いやりのある行動をとる

私たちの内面、つまり思考、感情、信念は、外部の現実をつくり出しています。したがって、**外部環境や出来事を変えたいのであれば、まず「自分自身のものの見方や考え方」を変える必要があります。**自分の考え方を見直すことで、周囲の人々の反応や職場の雰囲気が変わることがあります。

世界そのものを直接変えることは難しくても、世界の「見方」を変えることは可能です。結局のところ、外の世界をどう捉え、どんな意味を与えるかは、私たち自身の

内面的な選択にかかっています。

1人の時間に自分の内面を見つめ直し、「どのような組み合わせが望ましい現実を生み出すのか」を自問してみましょう。

「自分」は探すものではなく、つくるもの

「自分らしく働けない」という理由で転職を考える人がいます。しかし、この考え方には注意が必要です。なぜなら、「自分らしさ」を発揮できない環境を生み出しているのも、自分自身だからです。

自分探しをいくら頑張っても満足いく結果が得られないのは、「自分」は探すものではなく、つくるものだからです。自分探しという言葉は、あたかも「すでに完成している自分」を発見する行為のように捉えられがちですが、本質的には、「どのような自分になりたいかを考え、そのために何をすべきかを追求すること」「ものの見方や考え方を変えて、現実を変えていくこと」

にあります。

リーダーに求められるのは、自分自身を探すことではなく、自分をつくる力です。そのためには、自分自身を見つめる時間（＝1人の時間）を確保することが不可欠です。

結局のところ、私たちが見ている外の世界は、自分自身の内面を反映した結果に過ぎません。だからこそ、内面を整え、変化させることで、外の世界も新たなものへと変わっていくのです。

思考自由度を高めるための「1人の時間」の使い方④

外の世界で起こることは内面の投影であると捉え直す。

思考自由度

5 所有意識を手放す

「自分のもの」という思いが生み出す執着

人は本能的に「所有したい」と思う生き物です。私たちは、ものを手に入れ、増やすことに喜びを感じます。

しかし、所有するものが増えれば増えるほど、それを失うことへの恐れや執着も強まります。そして、「もっと必要だ」と感じ、不足感にとらわれるのです。

この「もっと必要だ」という感覚が、私たちを苦しめる原因です。

「所有したい」という気持ちは、常に「自分には何かが足りない」という前提に立っています。「欲しいもの」や「持っていないもの」に意識を集中することで、自分の中の不足感が強調されてしまいます。

たとえば、「お金がもっと欲しい」と考えるとき、私たちはお金を持っていない現状にフォーカスしてしまい、「自分にはお金が足りない」という感覚にとらわれます。そして、不足感が焦燥感や不安を引き起こし、心の平穏を奪ってしまうのです。

リーダーの所有の執着が部下と組織の萎縮につながる

多くのリーダーは、自分が統括するチームやその所属メンバー、そのチームの業績などに少なからず所有意識を持っています。責任感の強いリーダーほど、この傾向が強くなりがちです。

そのため、「自分の仕事」「自分の業績」「自分のお金」といった自分自身の所有意識に加えて、「自分のチームの仕事」「自分のチームの業績」「自分のチームの予算」「自分の部下の仕事」……と、所有意識はより広範囲に、強くなります。

しかし、リーダーの執着が周囲にいい影響をもたらすことはありません。

「自分の部下」だと思えば、本当はちょっとしたミスであったものが「大きな不足」に見え、必要以上の叱責につながりやすくなります。「自分のチームのプロジェクト」だと思えば、失敗のリスクが必要以上に大きく見え、創造性よりも確実性を優先したくなるでしょう。その悪影響はすでに述べた通りです。リーダーの所有意識は、組織や業績の成長を阻む要因に過ぎないのです。

所有意識なくものごとを見るには？

ある僧侶が「どれくらいの財産をお持ちですか？」と問われたとき、「全部持っています」と答え、質問者はその答えの秀逸さに感嘆した、という逸話をご存じでしょうか。この逸話に、所有の概念と上手に折り合いをつけるためのヒントが隠れています。

まず仏教では「所有への執着」が苦しみの一因とされています。何かを「私のもの」と強く所有しようとする気持ちが、対象への執着を生みます。そして、それが失われたり、手に入らなかったりすると、大きな喪失感や苦痛を感じるのです。この執着を手放すことができれば、苦しみを手放すことができると説かれています。

この観点からすると、質問者の問いには悪意があることがわかります。というのも、仏教の教えに背《そむ》かずこの問いに答えることが困難だからです。

仮に僧侶が、実際に持っているもの――身にまとっている衣服や所持している食料などを答えれば、所有にとらわれていることを自ら宣言することになります。反対に、「何も持っていない」と答えたならば、それは、仏教の教えに対するごまかしです。

僧侶の「全部持っている」という返事には、「必要なときに必要なものを得られる」という心のあり方、そして「自分と他人」「自分のものと他人のもの」といった、意識がもたらす線引きにとらわれない考え方があらわれています。「自分が正しい道を歩んでいれば、周囲が支え、必要なものは自然と手に入る（＝自分で所有する必要はない）」という信念を持っているからこそ、できる回答ではないでしょうか。

所有意識から解放されるための2つの考え方

さて、この逸話をもう少しかみ砕いてみましょう。

所有意識から解放されるためには、

①主語を変える

②助詞を変える

ことが大切だといえます。

①主語を変える

「すべてを持っている」と答えたとき、僧侶が描いていた主語は「私」ではありませんでした。「私」という個人的な視点を、「私たち」「お客様」「社会」といった、より広い主語に変えることで、所有への執着と距離をとることができます。

なるべく「私」「僕」「自分」などの一人称で捉えるのをやめてみてください。今まで「私のお金」と言っていたなら、むしろ「お金の私」あるいは極端に「宇宙のお金」と言い換えてみるだけで、「自分と対象」との間に引かれた無意識の境界線が薄まるのではないでしょうか。

ちなみに私自身は、自分のことを「大野栄一」とそのまま言い換えるのではなく、「E君」と名付けて、より第三者的に考えるようにしています。この方法を使うと、「自分」とさらに距離をとることができ、より所有への執着に気づきやすくなります。

②助詞を変える

「私の」という所有を示す助詞を、「私と」という並列の関係を示す助詞に置き換えることで、対象への執着を和らげることができます。

「の」から「と」へ——視点を変えるだけで見える世界が変わる

「私のお金」／お金を所有することに価値が置かれ、お金の本質を見失いがち。
「私とお金」／お金は単なる関係の中に存在するものとなり、執着が薄れる。お金は「天下の回りもの」といわれるように、循環し、流通することで価値を生むもの。特定の人や場所にとどまるものではない。

「私の部署」／部署を所有物のように捉える視点。
「私と部署」／部署を対等な関係として捉える視点。

「私の部署」と考えると、自分の責任や負担が強調されがちですが、「私と部署」と考えれば、部署との関係の中で、フラットに課題を捉えられるようになります。この視点の切り替えは心の余裕を生み、冷静な判断を可能にします。

言葉は、私たちの思考パターンに深く影響を与えます。1人の時間の内的対話（＝自分自身との対話、心の中の独り言）においても、「の」から「と」への置き換えを意識することで、自己中心的な考え方から抜け出すことができます。

私たちは日常的に、「私の時間」「私の部署」「私の仕事」「私の性格」「私の考え」「私の人生」……といったように、ものごとを所有格で捉える傾向があります。1人の時間にこそ、**この所有意識による自己中心的な視点の強化と苦しみに敏感になって、ものごとの捉え方の視点を関係をとらえるものへと変えてみてください。**

「自分なりに」や「マイペース」は成長を妨げる

少し余談ですが、所有の意識との関連の深い、「自分なりに」や「マイペース」といった言葉についてもお話ししておきましょう。これらの言葉は一見ポジティブに思えますが、実際には自己中心的な行動を正当化する口実になります。

自分なりに

「自分なりに頑張る」という姿勢は、自分の慣れ親しんだ方法や範囲（＝コンフォートゾーン）でものごとを進めることを意味します。しかし、それは挑戦を避ける結果を招きます。

たとえば、オリンピック選手はすでに高度なトレーニング法を知っていますが、それでもコーチの指導を仰ぎます。「自分なり」の方法では、さらなる高みを目指すことは難しいからです。

他者の視点を取り入れることは、自分の限界を突破し、成長するために必要不可欠です。

マイペース

「マイペース」にも注意が必要です。自分のペースを大切にすることは重要ですが、「マイペース」は他者との協調を軽視し、自己都合で行動する言い訳になります。

リーダーには、周囲を巻き込み、組織を前進させる力が必要です。「マイペース」にこだわる姿勢は、リーダーとしての役割を果たす上で障害となります。

リーダーとして求められるのは、自己中心的な考えを超えて、他者や環境と関わることです。

所有意識ではなく「関係」を重視した新しい視点を育むためには、業務の忙しさから一歩離れて、冷静に自分を見つめ直す機会が必要です。

思考自由度を高めるための「1人の時間」の使い方⑤

「自分のお金」→「自分とお金」。「自分の部下」→「自分と部下」。「の」を「と」に変えてみる。

思考自由度

6 「いつものパターン」の思考に気づく

偏った解釈と「コンテキスト」

私たちがものごとの意味をどう解釈するかは、「コンテキスト」に大きく左右されます。コンテキストとは、背景や状況、文脈のことです。

たとえば、「リンゴ」という言葉も、コンテキスト次第でまったく違う解釈が生まれます。

・白雪姫の物語……毒リンゴ
・ウィリアム・テルの伝説……射的の的

・聖書……原罪の象徴
・企業のロゴマーク……スタイリッシュなイメージ

「日が昇る」という表現も同様です。天動説の時代では「太陽が地球を回っている」と解釈されましたが、地動説では「地球が自転しているために太陽が昇るように見える」と捉えられます。

13年間引きこもっていた息子が突然部屋から出てきて、居間で「YouTube」を観はじめたとしましょう。このとき、彼にとっての「YouTube」は単なる娯楽ではなく、長い引きこもり生活から抜け出し、外の世界へ一歩を踏み出した重要な象徴として捉えることができます。

このように、**私たちの行動や発言は、その背後にあるコンテキストによって決定されます**。これが、「コンテキストが決定的である」という概念です。

マーク・トウェインの小説『トム・ソーヤーの冒険』の「塀《へい》のペンキ塗り」のエピソードは、コンテキストの力を象徴する例です。

罰として課された退屈な作業（ペンキ塗り）を「特別で楽しい活動」と見せかけることで、トムは友人たちにその作業を魅力的だと感じさせ、「手伝いたい」と思わせることに成功します。このエピソードは、「コンテキストを変えることで、人の認識や行動を変えられる」ことを教えてくれます。

・元のコンテキスト：「退屈で避けたい罰」
・変更後のコンテキスト：「みんながやりたくなる楽しい体験」

そもそも、私たちの行動や出来事には、固定された解釈はありません。解釈はすべて、コンテキスト次第です。

したがって、コンテキストを変えることで、新たな価値や意味を見いだすことができます。たとえば、仕事や日常の作業を「面倒で退屈なもの」と考えるのではなく、「自分の成長につながる挑戦」や「誰かを喜ばせる機会」と捉え直せば、作業自体の意味や気持ちが大きく変わります。

これが「思考の自由」です。自分の視点や解釈を柔軟に変えられる力のことであり、自由度が増せば増すほど、ものごとの見え方や捉え方も多面的になります。

世界はひとつの見方だけで成り立っているわけではありません。コンテキストを変えることで、つまらなかったものが面白く、困難だったものが乗り越えがいのあるものに変わるのです。

再定義がもたらすビジネスの変化

「クライアント」という言葉の意味を再定義したことによって、ビジネスモデルが大きく変わった事例があります。

私は以前、あるヘッドハンティング会社の経営者と会議参加メンバーに、「クライアントとは、『御社の商品やサービスを買う人』ではありません」とお伝えしたことがあります。

「クライアント」の語源をたどると、「庇護《ひご》のもとに置く人」という意味があります。つまり、クライアントとは「守るべき対象」であり、ただ単に商品やサービスを売る相手ではありません。ビジネスの本質は「責任を持ってお客様を守ること」です。

これまで、彼らにとって、クライアントの意味は「依頼をしてくれる人（会社）」でした。ですが、頭の中で「クライアントの定義が変わった」＝「コンテキストが変わった」ことで、ビジネスモデルが変わりました。

企業からの依頼をすべて受けるのではなく、「本当に守れる」と判断できる企業だけをクライアントにする方針に変えたのです。

具体的には、独自の診断ツールを開発して、「一定の基準をクリアした企業だけをクライアントとして認める」ようにしました。基準を満たしていない企業は、「候補者を紹介できない」と判断します。すでに契約金（着手金）を受け取っている場合でも、基準に達しない企業には返金し、契約を解除すると決めました。

当然、一時的には売上や利益が減少します。ですが、候補者に対して、「この会社に転職をすればあなたの人生はより豊かになれます」と自信を持って勧められる会社だけを扱うことで、結果としてビジネスが健全に成長するのではないか、と考えたのです。

蛇足ですが、1日6時間労働、週休3日という働き方さえ選べるように、今まさに取り組んでいる最中です。

診断結果が基準に届かなかった企業から「どうしても依頼したい」という希望があった場合には、「基準をクリアするにはどのようにすればよいか」をコンサルティングする新たなメニューも開発しました。

「クライアント＝守るべき相手」という視点に立つことで、ビジネスのあり方を根本から見直し、健全性の高いヘッドハンティングのしくみがつくり上げられた事例です。

「失敗」のコンテキストを変える

リーダーの役割を担っている皆さんにまずコンテキストを変えていただきたいのは「失敗」です。「失敗」もまた、コンテキストによって意味が変わります。

チームメンバーが何か失敗をして、引きずっているように見えたときに、「過去の失敗にとらわれていても仕方ない。気持ちを切り替えて次の案件にかかろう」

などと声をかけていないでしょうか。これこそが、従来のコンテキストにとらわれた失敗の捉え方です。そうではなく、

「他者（他社）より早く失敗して多くを学習するには、どのようなチャレンジがいいだろうか？」

あるいは、

「この失敗から、何が受け取れる？」

と問いかけてみてください（問い方の詳細は第2章で解説します）。このような問いがセットになると、失敗は「成長のための学習機会」。その失敗でチームがひと回り強くなります。

こうしたコンテキストになれば、失敗ウェルカムです。失敗を怖がるどころか、何か課題があるところこそ「むしろ、何か失敗したい」となり、その意味が変わります。

試しに、あなたが一番恐れていることが「どうか起こりますように」と大きめの声でさけんでみてください。きっと笑えてきます。脳がバグるからです。「ボロボロになるほど大失敗してみたい」「もっと時間を奪われてみたい」「社長に嫌われたい」。不思議なことですが、今、この瞬間も笑みが浮かんでいませんか？

また、プレゼン時に「緊張しないように」と考えると、かえって緊張が増すことがあります。このとき、「もっと緊張して、手が震えるくらいになろう」と逆説的に考えることで、緊張に対するプレッシャーが軽減されることがあります。

このように、通常は避けたいと感じる状況に自ら飛び込んでいくことで、状況を客観的に捉えられるようになります。恐れている状況を自ら受け入れると、逆説的な思考によって脳がリラックスし、通常以上の結果を引き寄せることができるのです。

「いとわない」思考のすすめ

逆説的な思考がいいといっても、リーダーとして、「むしろ失敗しよう」なんて声をかけるのはおすすめしません。理解の浅いメンバーや関係者に逆の意味に捉えられてしまっては元も子もありませんし、失敗しないでできるならそれに越したことはありません。また、今までネガティブなコンテキストで捉えてきたものをむしろ歓迎せよというのは、人間の心として無理があると感じます。

そこで私は、この考え方を、

「失敗をいとわない」

と表現しています。「いとわない」とは、「嫌がらない、嫌でも避けない、かまわない」などの意味で、ものごとを行うことに後ろ向きでないさまをあらわしています。


いとわないほうがいいのは、失敗だけではありません。

嫌われることをいとわない。

困難をいとわない。

期待に応えられないことをいとわない。

厳しい評価をいとわない。……。

いとわないことで、思考は自由になるのです。

1人の時間に「いとわないリスト」を作成する

私は、自分の心を解放するために「いとわないリスト」を作成しています。このリストは、自分が恐れたり避けたりしていることをあえて受け入れることで、心の柔軟性を高めるためのツールです。

「いとわないリスト」の作成方法

○　自己分析／自分が不安や恐れを感じる事柄を洗い出します。
○　リスト化／洗い出した項目に「○○をいとわない」と記述します。
○　定期的な見直し／リストを1人の時間に確認し、内面の変化を観察します。

◆「いとわないリスト」の例

○　貢献できないことをいとわない。
○　誹謗中傷《ひぼうちゅうしょう》をいとわない。
○　期待に応えられないことをいとわない。
○　価値を提供できないことをいとわない。
○　ぞんざいに扱われてもいとわない。
○　思い通りにならないことをいとわない。

○ 結果が出ない状態が続くことをいとわない。
○ 嫌われることをいとわない。
○ 部下に慕われないことをいとわない。

このリストを日頃から活用することで、自分自身の執着や不安から解放され、ものごとをフラットに見る視点が育まれます。その結果として、自然と目標達成に向かう心の余裕が生まれるのです。

思考自由度を高めるための「1人の時間」の使い方⑥

「いとわないリスト」をつくる。

思考自由度

7 与えられているものに（失う前から）感謝する

毎日は「奇跡の連続」である

私たちの日常は、見過ごされがちな奇跡の連続です。毎朝目覚めて新しい1日を迎えること、家族や友人と笑い合えること、健康で過ごせること——。こうならない可能性はいくらでもあり、すべて奇跡にも相当する特別なものです。

しかし、忙しさ、慣れ、心の曇りによって、私たちはこうした瞬間を「当たり前」とみなし、その価値に気づきません。そして失ってはじめて、「当たり前の出来事＝奇跡」であることを知ります。

私自身、少年時代に小児喘息《しょうにぜんそく》を患い、発作のたびに「当たり前に呼吸できること」のありがたさを痛感しました。ですが、発作が治ると感謝を忘れがちになっていました。

大切なのは、「失う前に気づくこと」です。何かを失う可能性があるということは、それがすでに私たちに与えられている証拠でもあります。

失う前から与えられているものに感謝する。この視点を持てば、日常の些細な瞬間や出来事にも自然と感謝の気持ちが生まれ、心が豊かになります。

「これが人生のレッスンだとすれば、何を学べるか？」

私はビジネスコーチとして、「感謝の視点を持つことで、すべてがギフトになる」と提唱しています。どんな出来事も「人生のレッスン」と捉えれば、怒りや侮辱、思い通りにいかないことでも、成長の糧（＝自分を成長させるギフト）に変えることができます。

困難な状況は「成長のための大切なレッスン」であり、すべてが感謝の対象です。

出来事のすべてを感謝に変える「魔法の質問」があります。

「これが人生のレッスンだとすれば、何を学べるか？」

「人生はレッスンである」というコンテキストの中でこの問いを立てると、新たな視点に気づくことができます。

たとえば、部下との不和を感じたら、

「この関係において、私が感謝できることは何か？」

「この経験を通じて、私は何を学べるのか？」

「この失敗が人生のレッスンだとすれば、どのスキルを鍛える必要があるのか？」

と問いを立てることで、現実をトラブルではなく「成長のチャンス」として捉え直すことができます。

視点が変われば、ものごとの意味も変わり、感謝の気持ちが湧いてきます。

社員教育の目的は「感謝の気持ち」を磨くこと

私は「人材育成」という言葉に違和感を覚えています。

「人材」に対する違和感

「材」という漢字は、「食材」や「木材」のように、「素材を加工して都合よく使う」ことを連想させます。したがって、「人材」という表現には、組織が人を「都合よく加工する」ニュアンスが含まれていると感じます。一部の企業では、「人材」を「人財」と表記し、社員を貴重な「財産」として捉える動きも見られますが、根本的な解決には至っていない（会社都合で人を変える、という目的は同じ）と私は考えています。

「育成」に対する違和感

私は、社員は「育成」するものではなく「教育」するものだと考えています。「育成」は、特定の分野やスキルに焦点を当て、その能力を短期間で高めることを目的としています。

一方、「教育」とは、知識や技術を授けるだけでなく、精神的・道徳的な成長を促すことを指します。これは、個人の人間性を高め、社会で自立し、貢献できる人を育てることを目的としています。

「教育」の本来の目的は、

「感謝の心を持つ人を育てること」

です。なぜなら、感謝の心を持つ人は、他者や環境に対して自然と敬意を払うことができるからです。

職場に感謝の文化が根づけば、働けること自体が喜びとなり、日々の些細な出来事にも価値を見いだせるようになります。

赤ちゃんのように、「存在するだけで感謝を喚起する存在」になる

赤ちゃんは、ただ存在するだけで周囲の人々に感謝の気持ちを呼び起こします。

赤ちゃんのおむつを替えても、お礼を言ってくれるわけではありません。それでも、私たちは赤ちゃんの笑顔や泣き声に癒され、自然と手を差し伸べたくなります。

赤ちゃんは、無防備でフラットな存在です。その無邪気さが、周囲の人々の警戒心を解き、心を開かせます。

組織のリーダーも、相手に構えさせるのではなく、「いかに無防備でフラットでいられるか」が重要です。肩肘《かたひじ》を張りすぎず、自然体でいることで、周囲の人との関係は柔らかく、温かなものになります。**究極的には、「リーダー自身が赤ちゃんのような、無防備で統合された状態になる」ことが求められるのです。**

日常に溢れている奇跡や恵みに気づくには、心の余裕が必要です。そして、その余裕を生み出すのが「1人の時間」です。自分の内面を振り返ることで、当たり前の中にある奇跡や感謝に気づくことができます。たとえば、朝の澄《す》んだ空気や、道端に咲く花、誰かの笑顔など、日常には感謝すべきことが溢れています。

忙しさの中で見逃してしまいがちな日常の小さな奇跡。今この瞬間から、まわりに感謝の視点を持つことで、人生はより豊かに輝き出すでしょう。

思考自由度を高めるための「1人の時間」の使い方⑦

自分がまず与えられているものに感謝できるだけの余裕を持つ。

思考自由度

8 整理整頓をする

部屋を片づけるだけで、思考が整理される理由

整理整頓は、単に部屋をきれいにするだけでなく、私たちの思考や精神状態にも大きな影響を与えます。

部屋が散らかっていると、視覚的な情報が多すぎて脳が処理しきれず、集中力や情報処理能力が低下することが研究で示されています。

２０１１年1月12日に『The Journal of Neuroscience』誌に掲載された論文では、散らかった環境が脳の注意力を奪い、認知機能を疲弊させることが明らかになっていま

す。

一方、整理された環境では、脳は情報をより効率的に処理でき、集中力や生産性の向上が期待できます。

この研究は、整理整頓された環境が脳の健康とパフォーマンスに重要であることを示しています。生活や仕事の空間を整えることで、集中力や生産性が向上します。

整理整頓のメリット

○ 視覚的な混乱を減らし、脳の負担を軽減することで、集中力や生産性を向上させる。
○ 物理的な空間を整理することで、頭の中も整理され、思考がクリアになる。
○ 不要なものを手放すことで、生活の質が向上する。
○ 頭がすっきりして心に余裕ができ、イライラしなくなるなど、心にプラスの効果がある。

「自宅のクローゼットはどんな状態ですか？」

私は、思考が整理されていないリーダーや、考えが進まずに行き詰まっているリーダーに対して、次の質問をしています。

「自宅のクローゼットはどうなっていますか？」

この質問をして驚くのは、**行き詰まっているリーダーでクローゼットの整理が行き届いている人がほとんどいない**ということです。

「整理整頓されていない」「雑多に洋服をしまっている」「他人任せで把握できていない」と答えたリーダーには、クローゼットの片付けをおすすめしています。物理的な整理を行うことで、頭の中も整理され、思考がクリアになるからです。

私自身も断捨離《だんしゃり》を実践しています。とくに洋服に関しては、「新しいものを1着購入する際に、古い洋服を2着手放す」ことを心がけています。

物理的なオーガナイズ（整理整頓）と頭の中のオーガナイズには、相関関係があります。もちろん、クローゼットが散らかっていても必要なものをすぐに見つけられる方もいます。その人なりのオーガナイズがされているからです。

しかし、一般的には、物理的なスペースが整っているほうが、思考に幅や余地が生まれます。

物理的な整理を行うことで思考も整理されます。定期的に整理整頓を行い、常に整った環境を維持して、思考の明瞭さを取り戻しましょう。

思考自由度を高めるための「1人の時間」の使い方⑧

クローゼットの整理整頓をする。

第 2 章

［問いの力］

思考力の原点
「問う力」をつける
7つのポイント

「問いの力」は、現実を創造する力である

問いの持つ大きな力

「絶対思い浮かべたり、答えたりしないでくださいね。2×2《ににんが》は？」と問いかけられると、「答えを考えないように」と言われても、自然と「4」という答えが頭に浮かんでしまいませんか？

このように、問いかけは人の思考を強く引きつける力を持っています。

問いは、思考を深く理解するための強力な手段です。自覚的に良質な問いを立て、共有することが、個人や組織の成長にとって重要です。

「無自覚な問い」を「自覚的な問い」に変えていく

私たちが日頃持つ問いは、多くの場合で無意識であり、そして否定的です。

「どうして、私ばかりがこんな目に遭うのか？」
「どうして、部下は私の言うことを聞いてくれないのか？」
「どうして、今夜も残業をしなければいけないのか？」
「どうして、この組織はまとまらないのか？」

こうした否定的な「無自覚の問いかけ」は、自己否定や部下への不満を増幅させる原因となります。リーダー自身の思考と行動に影響を与え、現実の捉え方や行動を制限しているのです。

たとえば、「どうせ私はリーダーにふさわしくない（＝どうして私にはリーダーとしての価値がないのだろう？）」という問いは、自己評価を低下させ、挑戦を避ける行動につながる可能性があります。

否定的な問いかけを防ぐには、問いの質を自覚的に変えていく努力が求められます。たとえば、「どうして私は、こんなに部下に恵まれているのだろう？」といった建設的な問いかけを行うことで、ものごとの見方や感じ方が大きく変わります。

問いは、現実そのものに影響を与えます。無自覚な問いかけに流されることなく、1人の時間に良質な問いを持つことが大切です。

「答え」は必須ではない

リーダーが持つべき問いは、おもに次の3つに分類できます。

①自分に問う問い

自己理解を深めるための問いです。リーダー自身の価値観やものの見方を見つめ直す際に用いられます。

例：「私が見えていないことは何か？」

「私が実は聞いていない、聞き流してきたことは何か？」

「私のどの振る舞いが、彼（ら）にそう言わせているのか？」

「私が頭の中で勝手に殺している可能性があるとすると、それは何か？」

②共有する問い

他者（部下）とともに考え、議論するための問いです。たとえば、組織での課題解決に関する問いが該当します。問いを共有することで、部下の思考を刺激し、主体的な行動を促すことができます。


例：「このプロジェクトの成功に必要な要素は何だろうか？」

「私たちのサービスをさらに向上させるためには、どんな工夫ができるだろうか？」

「チーム内のコミュニケーションを改善するには、どんな取り組みが必要だろうか？」

「私たちの目標達成を妨げている要因は何か？」

③思考の檻にとらわれないための問い

もうひとつ、自分を思考の檻に閉じ込めないための問いがあります。目の前の出来事を確定的に受け入れていくと、いつの間にか「そうあるべき」「それが当然」といった思い込みのように凝り固まってしまうことがあります。そうした思考の固定化を、問いの形で扱うことで防ぐことができるのです。

私はこれを「ユニバースへの問い」と呼んでいます。「ユニバース（universe）」は、一般的に「宇宙」や「全世界」を意味しますが、ここでは、個人の内面や他者を超えた大きな存在として捉えられます（「空」に向かって問いかけるニュアンス）。


例：「これって何？」

「ここから何が受け取れる？」

「ほかに可能性は？」

「真実は何もないとしたら？」

「何をどのようにすれば組織が機能する？」

心のコンディションを整える上で重要な問いが、「ユニバースに問いかける問い」です。「ユニバースに問いかける問い」は、答えを求めずに問いを投げかけることで、心の状態を整える役割を果たします。

「ユニバースに問う」という表現は、神秘的な存在や高次元の存在とつながるスピリチュアルな行為を指しているのではありません。思考の整理を促すための心理的な手法です。心理学の分野では、「問いを立てること」自体が思考を深め、問題解決の糸口を見つける手段として重要視されています。

「これって何？」や「真実は何もないとしたら？」といった問いを投げかけ、その答えを求めずに放置します。問いに対する答えを強制せず、自然な形で問いを存在させることで、執着や偏見を取り除くことが可能です。

心という器には、透き通った水が入っています。そこに砂が混じり、かきまぜられたように乱れたとします。水は濁ります。しかし問いかけて、あなたは待つのです。するとと、砂は底に沈殿し、水は透明さを取り戻します。1人の時間にユニバースに問いを投げることで、心をフラットにできるのです。

このように問いを投げっぱなしにしておくと、のちに問いが解決される、いわゆる「伏線が回収される」こともあります。

「ユニバースに問う問い」の目的

○心の整理／答えを求めずに問いを投げかけることで、執着や偏見を取り除き、心をフラットな状態に保つ。
○自己超越／個人の内面や他者を超えた大きな存在に問いかけることで、自己中心的な視点から離れ、広い視野を持つ。
○自然な解決／問いを投げっぱなしにすると、のちに自然と答えが見つかることがある。

リーダーにとって、1人の時間を活用して無意識の問いを意識的な問いへと変えることが求められます。

本章では、無意識の問いを意識的にする方法、否定的な問いを肯定的にする方法と、良質な問いの持ち方を見ていきます。

問いの力

1 「問い」を常に持っておく

「問う価値のある問い」を持ち続ける

リーダーシップにおいて、「答えのない問い」を持ち続けることは、思考を深め、組織の成長を促す重要な要素です。

江戸中期の禅僧・白隠慧鶴《はくいんえかく》が修行者たちに提示した「隻手《せきしゅ》の声」という公案《こうあん》（禅宗における問答）は、その象徴的な例といえます。

「両手を打ち合わせると音がするが、片手ではどんな音がするのか。それを報告しなさい」

隻手とは、片手のことです。片手では手を打ち合わせることができないため、音は響かない。では、どのようにすれば片手の音を聴くことができるのでしょうか？

この問いは、論理的な答えを求めるものではなく、常識や先入観を超えた深い思索を試しています。

「片手の音を聴くとはどういうことか」という問いを持ち続け、その未知の音に耳を傾けようとする心の姿勢がリーダーに求められているのです。

「問い」が思考力を高める理由

広い野原に立つと心が解放されるように、問いは私たちの精神を伸び広がらせ、解放してくれます。一方、答えは思考を停止させ、私たちの脳を干からびさせてしまいます。

問いを持ち続けることで、思考が活性化し、心に余白が生まれます。これは、創造力や問題解決能力を高めるために必要なプロセスです。

答えや結論をとにかく早く出そうとすれば、私たちの思考や創造性は余白を失ってしまいます。脳内にホワイトボードがあるとすれば、常にぎっしりと書き込まれていて、新しく考えたり試行錯誤したりするためのスペースが失われている状態です。

問いを持ち続けることで書き込みは一掃され、思考のベースはフラットに戻ります。脳内に余白があるから、自由な発想が可能になるのです。

精神科医ヴィクトール・フランクルは、ナチスの強制収容所での経験から、生きる意味を問い続けることの重要性を説きました。彼は、「人生に意味を問うのではなく、人生から問われている」と述べ、困難な状況においても問いを持ち続けることが生きる力になると主張しています。

良質の問いを持ち続けるための4つの視点

それでは、リーダーを成長させる問いとは、どのようなものなのでしょうか。ここでは、リーダーが1人の時間に持ち続けることで、思考を止めず、心の余白につながる問いの4つの視点を紹介します。

①本質的か

ものごとの核心を理解するためには、その本質を問う必要があります。たとえば、「そもそも、それはどういうことか？」「それを定義づけすると、どのような意味になるか？」といった問いかけが有効です。こうした問いかけにより、表面的な理解にとどまらず、深い洞察を得ることができます。


質問例：「このプロジェクトの根本的な目的は何か？」

「私たちの製品やサービスが提供する本当の価値は何か？」

「この問題の背後にある主要な原因は何か？」

「私たちの組織の存在意義は何か？」

「この決定がもたらすもっとも重要な影響は何か？」

②長期間耐えられるものか

振り返った際に、「あのときはあの方法がベストだと思っていたけれども、今となっては間違いだった」となることは多くあります。

たとえば過度の労働は、そのときはそれがよいと思っていても、後に身体を壊せば間違いだったと気づくでしょう。

あるいは、ノルマ達成のために取引先に無理を強いれば、そのときはいいかもしれませんが、後にさらに大変な帳尻合わせがやってくる、ということも珍しくありません。時間の洗礼に耐えられないものに本質的な価値はなく、そこにとらわれていれば人間としても組織としても成長が見込めないでしょう。


質問例：「この戦略は5年後も有効であり続けるか？」

「今日1日の過ごし方は、家族に誇れるものだろうか？」

「現在の取り組みは将来的な成長を支えるものか？」

「この決定は長期的に見て組織に利益をもたらすか？」

「この施策は持続可能な方法で実施されているか？」

③全体的か

組織や組織の全体像を把握し、異なる視点から状況を理解することが重要です。

たとえば、「このベネフィットは会社都合になっていないか？」「お客様から見るとどうか？」「部下から見るとどうか？」「株主から見るとどうか？」といった問いかけを行うことで、広い視野を持つことができます。

質問例：「この決定で、他の部署やチームはどのような影響を受けるのか？」

「私たちの行動は、社会全体にどのような影響を及ぼすか？」

「このプロジェクトは、組織全体の目標と整合しているか？」

「異なるステークホルダーの視点から見て、この戦略はどう評価されるか？」

「私たちのリソース配分は、組織全体の最適化に寄与しているか？」

④戦略的か

ビジネスにおいては、場当たり的になったり目の前のものごとにとらわれたりせず、戦略的に考えていくことが不可欠です。安易な思いつきやひらめきに踊らされないためにも、戦略的かどうかを常に問い続けましょう。


質問例：「今度の新製品は、競合他社との差別化が戦略的になされているだろうか？」

「今度の市場シェア拡大の施策は最適なアプローチだろうか？」

「リソースをもっとも効果的に活用するには、どのような計画を立てるべきか？」

「組織の長期的なビジョンを実現するために、今、何をすべきか？」

答えが出ると思考は停止しますが、問い続けることで、創造力が生まれます。問いは、リーダーが新たなアイデアや解決策を見出すための原動力です。

問う力をつけるための「1人の時間」の使い方①

今、進めているプロジェクトについて「本質的か？　長期間耐えうるか？　全体的か？　戦略的か？」と自分に問いかける。

問いの力

2

手垢《てあか》のついた「答え」と距離をとる

なぜ「答え」に執着してはいけないか？

現代社会では、「答え」が誰でも容易に得られるようになっています。「○○社の今後10年の経営課題は？」といった質問でも、ＡＩに聞けば即座に「答え」を提供してくれます。「いいリーダーとは？」といったような本質的な問いも同様です。

しかしリーダーは、そうした答えで満足してはいけません。重要なのは、前項で紹介した「隻手の声」のように、**答えのない「問う価値のある問い」を持ち続けること**なのです。

リーダーが既存の「正解」に頼りすぎると、思考が停止し、創造性が損なわれることがあります。過去の成功事例やデータに依存すると、新しい価値を生み出すチャンスを逃してしまう可能性があります。

「答え」よりも重要なビジネスの本質

ビジネスの本質は、

「まだ世の中にない新たな正解をつくり出し、それを社会に定着させること」

です。つまり、手垢《てあか》のついた過去の答えを探すのではなく、未来に向けて、

「どのようにすれば新しい正解をつくれるか？」

を問い続けることが重要です。

資本力のある大企業であれば、仮に二番煎《にばんせん》じでも、価格競争に持ち込むことができるため、勝機はあるかもしれません。しかし、中小企業やベンチャー企業は資本が潤沢にはないため、模倣戦略に傾くと不利な立場に置かれます。

中小企業やベンチャー企業が生き残るためには、市場にまだ存在しない価値を提供することが求められます。

市場にまだ存在しない価値を提供できれば、お客様は高い対価を支払ってでもその商品やサービスを選ぶようになるでしょう。

リーダーに求められるのは、既存の正解を探すのではなく、組織の持つ資源を最大限に活用して、自分たちの正解をつくり出す視点です。

過去の成功体験や固定観念を一度リセットし、新たな視点でものごとを捉えることが重要です。そのためには、問いを持ち続けることが大切です。

質問例：

「私たちのお客様がまだ気づいていないニーズは何だろうか？」

「現状の製品やサービスのどの部分を革新できるだろうか？」

「市場の常識を覆すような新しいアプローチは何か？」

「私たちの業界で、これまでタブーとされてきたことは何か？　それをあえて実行することで、新たな価値を提供できないか？」

「私たちの製品やサービスを、まったく異なる業界や用途で活用するとしたら、どのような可能性があるか？」

「異業種とのコラボレーションや新市場への進出は可能か？」

「お客様が日常で直面している不便や不満は何か？　それを解決するために、当社の技術やリソースをどのように活用できるか？」

「私たちのビジネスモデルを最新のテクノロジーを活用して再構築するとしたら、どのような形になるか？」


効果的な問いかけは、新たな気づきとひらめきを生み出し、個人の成長や組織のイノベーションにつながります。常に新しい問いを立て、未来志向で考えることで、組織は価値創造に向けた成長ができるのです。

問う力をつけるための「1人の時間」の使い方②

つまらない答えを持つくらいなら、まだ答えのない状態を維持しておく。

問いの力

3 「仮説→実験」のサイクルを回し続ける

ビジネスの基本はテスト、テスト、テスト

ビジネスの世界では、仮説を立てて検証する「実験思考」が基本です。「仮説→実験→検証」のサイクルは、コミュニケーションの改善や業務プロセスの最適化など、さまざまな場面で役立ちます。たとえば部下との関わり方を見直す際には、「どのアプローチが効果的か」を試行錯誤しながら最適解を探していくことが求められます。

この「仮説」の前提となるのが、146ページで紹介した①「自分に問う問い」と②「共有する問い」です。日々持っている①や②の問いについて、1人の時間を活用

し、「仮説」を組み立てましょう。リーダーが仮説を立てていれば、日々の業務は一種の「実験場」として機能します。

ビジネスの基本は、テストを繰り返すことにあります。たとえば、Googleはユーザーのクリック率を最適化するために、リンクの青色の微妙な違いを数多くテストしました。有名な「41種類の青から最適な青を選ぶ」テストでは、リンクの色合いを41パターン試し、ユーザーの反応を詳細に分析しています。

こうした徹底的なテストにより、最適な色合いを見つけ出し、ユーザーエクスペリエンス（お客様が得られる体験）を向上させたのです。

ビジネスにおいて「これで完璧」は存在しません。実験において何かの結果が出れば、それがまた新たな問いの材料となるはずです。環境や市場の変化に対応しながら仮説を立て、テストを繰り返し、改善を続けていくのです。

このプロセスを繰り返すことで、新たな成功の道筋を見つけ出すことができます。

リーダーは「ワクワク」してはいけない

さて、実験思考の際に、リーダーが陥ってはいけない感情があります。それは「ワクワク」です。

・ワクワク……新しい経験や未知の出来事に対する反応としてあらわれる一時的（短期的）な期待感を指し、時間の経過とともに薄れる傾向がある。新しいプロジェクトの開始時や新製品の発表前に感じる高揚感がこれに該当する。この感情は持続性に欠け、長期的なモチベーションの源としては不十分。

ワクワクは外部からの刺激に対する反応に過ぎず、長期間耐えられるものではありません。5年前にワクワクしたことと同じことに、今もワクワクし続けている人はいないものです。**リーダーが「ワクワク」という感情に頼りすぎると、思考が停止し、創造性が失われる可能性があります。**

仮説を立てるときにリーダーがとりたいのは、「可能性の立場」です。可能性こそが内側から湧き上がるものであり、問題解決や目標達成への強い意欲を生み出し、創造的な仮説を導く原動力となります。

・可能性……長期的なコミットメント（業務や目標に対して「責任を持つ」こと）を可能にするエネルギー。可能性の立場をとることで、既存の枠組みにとらわれず、新たな視点から問題を捉えることが可能となる。

ワクワクが目標達成を妨げる

とくに、目標達成においては、表面的な「ワクワク」感ではなく、内面から湧き上がるエネルギーの泉に従うことが重要です。

たとえば、甲子園出場を目指す高校野球部員がいるとします。彼がレギュラーになれず、球拾いや先輩のユニフォームの洗濯、道具磨きといった雑用を任されている場合、これらの雑用に「ワクワクしない」という理由で目標から逃げるとしたら、本質を見失っています。

本質は、甲子園出場という明確な目標に向かうことです。「甲子園に出場したい」という泉があれば、ワクワクしない行動であっても、情熱をもってできるはずです。

リーダーは、「ワクワク」という一時的な感情に依存するのではなく、「可能性の泉」という持続的なエネルギーを持ち続けることが重要です。

可能性の立場をとることで、目標達成が加速する

例①新製品の開発

○ ワクワク感に基づく仮説

「この新しいデザインのガジェットはおしゃれで楽しいから、きっと大人気になるだろう」

……開発者の直感や感覚的な魅力、情熱を根拠にしているため、実際の市場ニーズと一致しない可能性がある。

○　可能性の立場に基づく仮説
「このガジェットは、調査によると若年層の50％が求める利便性と機能性を満たしている。競合商品が提供できない独自の利点もある」

……データ分析や市場調査を根拠にしているため、ニーズに合致する可能性が高い。

例②社内改革

○　ワクワク感に基づく仮説
「チームビルディングに新しいアクティビティを導入すれば、みんながやる気を出して仕事が効率化するだろう」

……「楽しい活動が士気を高める」という直感に基づいていて、実際の効果は不明。

○　可能性の立場に基づく仮説
「従業員満足度調査で、現状のモチベーション低下の主因はコミュニケーション不足だとわかった。その課題解決を目的として設計されたアクティビティを導入しよう」

……調査結果に基づき、効果的な方法論を選択しているため、課題解決に至る可能性が高い。

例③マーケティング戦略

○ ワクワク感に基づく仮説

「このクリエイティブな広告キャンペーンはＳＮＳでバズるはずだ！」

……期待感をもとに判断しているため、想定するターゲット層に響かないリスクがある。

○ 可能性の立場に基づく仮説

「過去のデータから、類似する広告キャンペーンはターゲット層のエンゲージメント率を30％以上高めた。この新しいキャンペーンも同様の結果が期待される」

……実績に基づいて推論しているため、成果を予測しやすく、リスクも低減できる。

ワクワク感に基づく仮説には、主観的で感情に依存しやすく、リスクが高くなりやすく、検証しにくいという特徴があります。それに対し可能性の立場に基づく仮説は、客観的データや調査に基づいており、リスクを低減しやすいものです。そのため、**「仮説→実験→検証」**のサイクルにつなげることができます。

1人の時間は、パッと心に浮かんだワクワク感に基づく仮説を、可能性の立場に基づく仮説に接続させるための時間です。客観的データや調査の根拠を探し、ひらめきが一過性のワクワクで通り過ぎてしまわないように、しっかりキャッチしておきましょう。

問う力をつけるための「1人の時間」の使い方③

可能性の立場から、日々のあらゆることに仮説を立てる。

問いの力

4

結果を得るために必要な「企《たくら》み」を考える

「企《たくら》み」は、目標達成のための逆算的な問いである

望む結果を得るためには、明確な意図を持ち、それを実現するための作戦が必要です。この作戦が「企み」です。

「企み」という言葉は、一般的に「悪いことを計画する」という否定的なニュアンスで使われますが、ここでいう「企み」は、「創造的な計画や新しいアイデア」「戦略的な計画」を指します。

「企み」は、単なる思いつきではなく、意図を明確にし、その実現のために逆算的な

思考をします。効果的な「企み」を設計するためには、次の2つのステップが重要です。

ステップ①明確な意図を持つ（「どうありたいか」を決める）

最初のステップは、「自分が何を達成したいのか」「どのような結果を望むのか」という明確な意図を持つことです。単に「何をするか」（Ｄｏ）ではなく、

「この状況でどうありたいか」

というあり方（Ｂｅ）に焦点を当てることが重要です。


「この状況で、何をするか」と「Ｄｏ」を問うことは、「この状況を何とかしなければ」という焦りやプレッシャーにつながります。しかし、

「この状況で、自分はどうありたいか？」

と問いかけることで、状況に振り回されず、自分のあり方を主体的に選択できます。


たとえば、はじめて会議のファシリテーションを任された場合、「うまくやるにはどうしたらいいか？」と考えるのではなく、「この状況で、私はどうありたいのか？」

と自問します。この問いの答えとして、「誠実でありたい」「正直でありたい」といった自分のあり方を意識することで、適切な行動（Ｄｏ）が自然と導かれます。

つまり、「Ｂｅ」が先に決まり、その「Ｂｅ」にふさわしい「Ｄｏ」が創造されるのです。

ステップ②「予言の書」を作成する

次に、目標達成までのプロセスや予想される出来事を詳細に記した「予言の書」を作成します。これは、ステップ①で明確にした目標から逆算して作戦を組み立てるためのツールです。

各段階で何が起こるか、どのような課題が生じるかを予測し、それに対する対策を事前に考えます。


たとえば、リーダーが部下の成長過程を予測し、「部下がどの時期にどのような心境になり、どのような壁に直面するか」を事前に書き留めておきます。そして、部下が実際に相談に来た際に、その「予言の書」を参照し、適切なアドバイスを提供することで、部下は「どうしてわかるんですか？」と驚き、信頼関係が深まります。

「企み」の設計例／新製品開発プロジェクト

●明確な意図を持つ（Be）

○市場に革新をもたらす製品を開発し、企業のブランド価値を向上させる。

○チーム全体が創造性を発揮し、協力し合う環境を構築する。

●「予言の書」の作成

○市場調査フェーズ

予測される課題／顧客ニーズの多様化によるターゲット設定の難航。

対策／定性・定量調査を組み合わせ、データ分析に基づく明確なペルソナ設定を行う。

○コンセプト開発フェーズ

予測される課題／チーム内でのアイデアの衝突や方向性の不一致。

対策／定期的なブレインストーミングセッションを設け、全員の意見を尊重しつつ、最終決定はリーダーが行う。

○ 試作&テストフェーズ
予測される課題／技術的な制約や予算オーバーのリスク。
対策／技術検証を早期に行い、リスクを洗い出して対応策を準備する。

○ 市場導入フェーズ
予測される課題／競合他社の反応や市場の受け入れ状況の不確実性。
対策／マーケティングチームと連携し柔軟なプロモーション戦略を策定する。

このように、リーダーは自身（組織）の「あり方」を明確にし、逆算思考でプロジェクトの各段階を予測・計画することで、効果的な「企み」を設計できます。これにより、**チームの方向性が統一され、目標達成に向けた具体的な行動が明確になります。**

一流のリーダーたちは、創造性を育む時間を意識的に確保し、習慣的に創造性を高める工夫をしています。

リーダーが1人の時間を持つことは、効果的な「企み」を考える上で不可欠です。

この時間を通じて、自己認識を深め、よりよい「企み」を持つことができるのです。

問う力をつけるための「1人の時間」の使い方④

企みを設計し、予言の書を作成する。

問いの力

5 自分にこそ問い続ける

自分に問い続けなければ、リーダーとしての成長はない

組織はリーダーの姿勢を反映するものです。リーダーは自己を再評価し、常にアップデート（更新、成長）し続けることが求められます。リーダー自身が視点を変えることで、組織全体にも変化が生じます。

リーダーの多くは自分の考えが正しいと信じていますが、その正しさは根拠の薄い思い込みである可能性があります。**日頃から、「自分の考えは正しくないかもしれな**

い」と再検討し続けることが大切です。

1人の時間に投げかける問いの例

○「自分の考え方がどうして健全だといえるのか？」
○「今日1日、何を大切にすれば後悔なく過ごせるか？」
○「どんな問いと向き合うと、今日1日がより豊かになるだろうか？」
○「何を変え、やめることで彼らの能力を最大限に引き出せるか？」
○「目標と実際のここ3カ月のスケジュールでは、どれほどの整合性があるか？」
○「時間を最大の味方につけられる活動があるとするならば、それは何か？」

こうした問いは、146ページの①「自分に問う問い」でもあり③「思考の檻にとらわれないための問い（ユニバースに問う問い）」でもあります。答えが出ても出なくてもかまいませんので、とにかく自分への問いとして、投げかけ続けることが大切です。

自分の意見を一時的に脇に置く

リーダーの自分自身への問う力は、実際に現場で話を聞くとき、たとえば部下から相談されたときなどに、効力を発揮します。

経験豊富なリーダーほど確固たる答えを持っているため、部下の話を聞いている最中も、「それをどのように伝えるか（直接的な指導をするのか、質問をして部下に考えさせるのかなど）」に気を取られがちです。自分の価値観や答えを押しつけず、部下の視点や意見を聞いて受け入れるのは簡単なことではありません。

しかし、この「いかに伝えるか」に終始する態度はリーダーとして好ましいものとはいえません。部下自身の考える力を阻害することになってしまい、成長の機会を奪ってしまうことになるでしょう。また部下としては、自分が相談しているはずなのにただ上司の考えを聞くだけになったら、次回から相談したいとは思わなくなる可能性さえあります。

リーダーに求められるのは、自分の意見を伝えること以上に、フラットに相手の話を聞くことなのです。「フラットに人の話を聞こうとする自分」と、「自分の正しさを主張しようとする自分」との葛藤を乗り越える必要があります。私はこの葛藤を「殴り合い」にたとえています。

話を聞くときにリーダーの頭の中で起こる〝殴り合い〟

部下の話を聞く。
←
これまでの経験や知識から、「こういうことだ」と答えや考えが立ち上がる。
←
答えや考えからいったん離れて、フラットな状態で出来事と向き合う。
←
それでも再度、「こういうことだ」「こう伝えろ！」と答えや考えが立ち上がってくる。

↓
答えや考えからもう一度、離れる。
↓
それでも三度、「こういうことだ」と答えや考えがもたげてくる。
↓
答えや考えを何とか押し留める。
↓
それでも……

リーダーは自制心を発揮して、「フラットに人の話を聞こうとする自分」を勝利に導く必要があります。

自己分析を行うときは、「なぜ」よりも「何」

自己分析や内省を行う際には、「なぜ（Why）」と問いかけるよりも、「何（What）」や「どのように（How）」と自問するほうが効果的です。

「なぜ」を繰り返すと、自己弁護や言い訳につながりやすく、客観的な自己理解が難しくなります。

一方、**「何」や「どのように」と問うと、具体的な要因や行動に焦点が当たり、建設的な内省が可能となります。**

たとえば、「なぜ、私はこのプロジェクトで失敗したのか？」と問うと、自分を責めたり、外部要因のせいにしたりする傾向が生まれます。

しかし、「何が、この結果を招いたのか？」や「どのようにすれば次は成功できるか？」と問うことで、具体的な改善点や行動計画を導き出すことができます。

ここでは、「リーダーとして自分がふさわしくない」と感じているリーダーの例を用いて、「なぜ」と「何」の思考のプロセスの違いを比較します。「なぜ」と「何」の問いかけ方の違いにより、問題の捉え方や解決策の見いだし方が変わることがわかります。

問う言葉を「なぜ」から「何」に変えるだけで思考の流れが変わる

●「なぜ」を5回繰り返す場合

①なぜリーダーとして自分がふさわしくないと感じるのか？
↓自分にはリーダーシップの経験が少ないから。
②なぜリーダーシップの経験が少ないのか？
↓これまでリーダーの役割を避けてきたから。
③なぜリーダーの役割を避けてきたのか？
↓自分の能力に自信が持てなかったから。
④なぜ自分の能力に自信が持てなかったのか？
↓過去に失敗した経験が影響しているから。
⑤なぜ過去の失敗が自信に影響しているのか？

↓その失敗から学ぶ機会を持たなかったから。

●「何」を5回繰り返す場合

①何がリーダーとして自分がふさわしくないと感じさせるのか?
↓組織を効果的にまとめられないこと。
②何が組織を効果的にまとめられない原因か?
↓コミュニケーションスキルの不足。
③何がコミュニケーションスキルを向上させるために必要か?
↓積極的なフィードバックの受け入れと練習。
④何がフィードバックを受け入れる際の障害となっているか?
↓批判を恐れる気持ちと、自分の正しさへの執着。
⑤何が批判への恐れを克服する助けとなるか?

↓心理的安全性の確保と喚起力の向上。

「なぜ」で問いを重ねるプロセスでは、自己評価の低さや過去の経験に焦点が当たり、自己批判的になりやすく、解決策の提示が難しい場合があります。

一方「何」で思考を深めると、具体的な行動や改善点に焦点が当たって、解決策を導き出すことができます。

リーダーとして成長するには、自らの人生観や仕事観を見つめ直すことが必要です。

自分をアップデートさせる質問の例

○「明日からの人生を通じて、自分は何を成し遂げたいのか?」

○「私の行動は周囲にどのようなよい影響を与えているか? その影響を最大化するためには何をすればいいか?」

○「自分の弱みをむしろ生かすには、今、この瞬間から何をすればいいか?」

○「チームを次元上昇させるために、何が必要か?」

○「私が一番大切にしていることは何か？」
○「私の価値観にもっとも影響を与えた経験は何か？」
○「私が口にすることを恐れている違和感は何か？」
○「私が当たり前ではないのに当たり前と思い込んでいるものには何があるか？」

日々のセルフコーチングを通じて、自分をアップデートさせましょう。

問う力をつけるための「1人の時間」の使い方⑤

「自分の考え方がどうして健全だといえるのか」と再び自分に問いかけてみる。

6 問うた結果、誤りだとわかったら

リーダーは「正しくあるべき」か

自分への問いを重ねていく中で、自分の考えや自分が出した指示の誤りに気づくことがあります。このとき、「自らの誤りを認める姿勢」は、問う力のあらわれであり、またリーダーにとって重要な資質のひとつです。

この姿勢は、ミスを認めるだけではなく、自分の考えや判断を再検討する柔軟性を持つことを意味します。

多くの人は、自分の考えを「正しい」と信じ込みがちです。しかし、自己成長を実現するためには、「私は間違えているかもしれない」「私の正しさは思い込みに過ぎない」という認識を持つことが欠かせません。自分を振り返ることで、新しい学びや気づきの機会が生まれ、個人としてもリーダーとしても成長できるのです。

「自分の誤りを認める姿勢」を習慣化するには、次のアプローチが有効です。

自分の誤りを認められるリーダーになるために

○業務外の時間を使って振り返る

忙しい業務の中では、ミスや判断の見直しが後回しになりがちです。業務外の静かな時間を利用して、自分の行動や判断を振り返る習慣を持ちましょう。「何がうまくいき、何が問題だったのか?」を冷静に分析することが大切です。

○過去の行動を客観的に評価する

自分の行動を振り返り、あらためて評価することで、改善点や新たなアプローチが見えてきます。たとえば、「なぜこの決断をしたのか？」「ほかにどんな選択肢があったのか？」を考えることが、次の成功につながります。

○小さなミスも素直に認める

大きなミスだけでなく、小さなミスに対しても誠実に向き合いましょう。たとえば、ミーティングでの発言ミスやメールでの伝達ミスなど、小さな過ちを認めることで、誠実な姿勢を示すことができます。

○第三者の視点を意識する

自分の行動や考え方を「他人の目で見る」練習をしましょう。たとえば、「同僚や部下が同じ行動をしたらどう感じるか？」と考えることで、自己認識を深めることができます。

○学び続ける姿勢を持つ

新しい知識やスキルを学び続けることは、「完璧ではない自分」を認識するためのいい方法です。学びは、謙虚な姿勢を育みます。他者からのフィードバックを積極的に受け入れる機会をつくりましょう。

部下から学ぶ姿勢を忘れてはいけない

かつて、4歳の息子と旅行をしたとき、私は子どもの純粋さや「今」を全力で楽しむ姿に気づかされました。一方で、大人の私は「未来」ばかり考えてしまい、家族との時間を十分に味わえていないことに気づいたのです。

子どもは、新鮮な目で世界を見つめ、無限の可能性を信じる純粋さを持っています。しかし、大人になると経験や知識が増え、現実の限界を意識するあまり、純粋な視点を失いがちです。この「子どもの視点」には、大人にとって新たな気づきのヒントが隠されています。

リーダーと部下の関係も、親と子どもの関係と似ています。リーダーは、経験や知識の少ない部下を「未熟」とみなしがちです。しかし、部下はリーダーが見落としている新鮮な視点や感性を持っていることがあります。「リーダーに見えないものが、部下には見えている」ことがあるのです。

優れたリーダーは「自分に欠けている視点がある」ことを前提に、部下からも学ぶ姿勢を持っています。部下の意見やアイデアに耳を傾け、互いに補完し合う関係を築くことで、よりよい成果を生み出せるでしょう。

その好例が、星野源さんが主演の春之介役を務めた、江戸時代が舞台の映画『引っ越し大名！』（2019年公開）です。春之助は国替え（領地の引っ越し）のリーダーを任されることになりますが、国替えもリーダーも初めてのことでした。それでも何とか力を合わせて国替えを遂行する春之助を見ると、リーダーに求められるのが「完璧であること」や「ぐいぐい引っ張ること」ではないということを実感できます。

リーダーとして求められるのは、「完璧であること」ではなく、「自らの過ちに気づき、修正する能力」です。誤りを認められるリーダーは、自らの行動を振り返り、必要に応じて修正する柔軟性を備えているのです。

問う力をつけるための「1人の時間」の使い方⑥

「自分が誤っているのではないか？」という問いを持っておく。

問いの力

7 いい問いは「時間のゆとり」から

ゆとりを意図的につくることの重要性

「デフォルト・モード・ネットワーク（DMN）」という言葉を知っていますか？　これは、意識を集中しない状態、休息の状態にあるときに活性化する脳の部分です。1990年代半ば、アメリカの神経科学者マーカス・レイクルによって発見されました。

DMNが活動しているとき、人はほとんど無意識で過去と未来を広く視野に入れ、そのときに抱えている問題の解決を試みているといわれます。頭に健全な空白があればほんの数分の休憩時間のうちにDMNが問題を分析・比較・解決して、代替のシナリオをつくれる場合もあるほどです。DMNのオン・オフが効率よく切り替わるほど、人は日常の出来事をうまく処理できるといいます。

DMNは、集中して仕事や目的に向かっているときには働きません。ぼーっと内省しているとき（自分で自分に問いかける時間）に活性化します。

スケジュールに内省の時間を組み込んでおく

リーダーシップを発揮するためには、意識的に内省の時間（自分で自分に問いかける時間）をスケジュールに組み込むことが重要です。内省は、リーダーが自分の行動や決定を振り返るために不可欠です。

良質な問いは、ゆとりからしか生まれません。忙しさや効率性を最優先する状況では、深い内省や自己対話を行うことが難しくなります。

「時間が空いたら考えよう」と思っていても、実際には時間をつくるのは難しいものです。あらかじめスケジュールに内省の時間を設定し、定期的に自己を振り返る時間を確保しましょう。

「毎月第1週目はスケジュールを空けて思考の整理に充てる」「入浴中に録音した『いとわないリスト』を聴く」など、日常生活の中で内省の時間を取り入れる工夫が有効です。

また、自然の中で1人の時間を過ごすことも、心を落ち着け、フラットな状態を取り戻すことにつながるでしょう。

リーダーシップを発揮するためには、意識的に「ゆとり時間」を確保しましょう。

問う力をつけるための「1人の時間」の使い方⑦

内省の時間をスケジュールに組み込み、ゆとりを持って自己を振り返る。

第 3 章

［喚起力］

心に同じ「火」を灯した仲間をつくる8つのポイント

リーダーの「喚起力」が部下の自発性を伸ばす

部下の主体性は、リーダー次第で高まりも低まりもする

リーダーとして組織を導くためには、「喚起力」を磨くことが不可欠です。

喚起力とは、部下自身が自発的に行動したくなるような意欲や創造性を引き出す力のことです。

『星の王子様』で有名なアントワーヌ・ド・サン＝テグジュペリは、「船を創造するとは、人々に細かい仕事を割り振るのではなく、海原を目指す心をもたらすことだ」と述べたとされています。

このメッセージは、喚起力の本質を示しています。

具体的な指示や命令を与えるのではなく、人々に「広大で無限な海への憧れ」や「可能性」を抱かせることで、自発的な行動を促しているからです。

部下の能力を疑うリーダーが三流であるわけ

リーダーの役割は、部下が自分のリソース（資源や能力）を最大限に活用できるようサポートし、リソースフルな状態をつくり出すことです。

「リソースフルな状態」とは、自己の能力や経験、知識などのリソースにアクセスし、それらを効果的に活用できる状態を指します。この状態では心が安定し、パフォーマンスを最大限に発揮できます。

たとえば、結婚式のスピーチに立った際、緊張のあまり頭が真っ白になる人がいます。事前に十分な練習をしているため、スピーチを行うための能力（リソース）は備わっています。それなのに頭が真っ白になったのは、何らかの理由で（会場が広すぎて緊張してしまった、時間が押してしまった、話す順番が変わった、など）リソースにアクセスできなくなってしまい、「リソースを使えない状態」に陥ってしまったからです。

一方、同じ状況でも、自信を持ってスピーチに臨める人は、自己の経験や練習の成果といったリソースにしっかりアクセスし、それを活用できています。これがリソースフルな状態です。

多くのリーダーは、「部下が成果を出せないのはリソースが足りない（能力がない）から」と考え、部下の能力や意欲に懐疑的です。

しかし、**「誰もが仕事を成し遂げるためのリソースをすでに持っている」**と考えることが重要です。

のびのびと活躍する部下は皆「リソースフル」

チームやメンバーが力を発揮できないのは、「リソースがない」からではありません。何らかの理由でリソースにアクセスできない状態にあり、その原因を見極め、適切にサポートすることがリーダーの役割です。

たとえば、部下が新しいプロジェクトに対して自信を持てず、成果を上げられない場合、リーダーはその原因を探る必要があります。部下が過去に成功した経験や持っているスキルを再認識させることで、自己のリソースにアクセスしやすくなり、リソースフルな状態を取り戻す手助けができます。

同様に、部下が十分なリソースを持っているにもかかわらず成果が出ない場合、リーダーはその原因を探り、「リソースにアクセスできる状態（リソースフルな状態／リソースを使いこなせる状態）」を整えることが求められます。

そのためには、リーダー自身が先入観を持たず、フラットな視点で部下と向き合うことが重要です。先入観は判断を曇らせ、部下がリソースにアクセスできない理由を正しく見極める妨げとなります。もちろん、リーダー自身がリソースフルな状態を保つことも重要です。

部下の強みや可能性に目を向け、肯定的なコミュニケーションをとり、部下がリソースフルな状態になるようにサポートしましょう。

「説明下手な上司」に足りないのは話す力ではなく喚起力

「喚起」の視点で問うと、組織の見え方が変わる

コミュニケーションに関して、上司・部下という関係に限らず、悩みを抱えている方が多くいます。

「あのチームは、リーダーの一声で活発な議論が進んでいるのに、うちのチームはそうならない。声のかけ方を改善したほうがいいのではないか」

「ねぎらうつもりでかけた言葉で、相手が不機嫌になった。話し上手になりたい」

などと思った経験は、皆さんにもあるのではないでしょうか。しかし、多くの場合、

こうした悩みの原因は、「話す力」や「コミュニケーション力」の課題ではありません。

飛行機に搭乗すると、離陸前に「安全のしおり」や「安全ビデオ」を用いた「安全説明」が行われます。

ですが残念なことに、多くの乗客が十分な注意を払っていないのが現状です。「説明内容への慣れ」「緊急事態の発生確率の低さ」「安全説明に注意を向ける余裕のなさ」などが理由です。

飛行機の「安全説明」に対する乗客の反応と、本項目の冒頭で取り上げたコミュニケーション上の悩みは、似通って見えます。リーダーの指示は、飛行機の「安全説明」と同様に、部下に十分に伝わっていないからです。

では、機内のアナウンスは、どんなときでも乗客から注意を払われないのでしょうか。いえ、そんなことはないはずです。たとえば、「ただいま主翼に火がつきました！」とアナウンスされれば、そのとたん、乗客は即座に注意を喚起されるでしょう。

同じ人が同じ方法で発信しても、内容の出し方が喚起的になれば、コミュニケーションエラーは改善できるのです。

本章では、1人の時間を活用して、あなたの組織における「主翼に火がつきました！」に相当するフレーズを見つけていきましょう。「喚起」という視点で自問自答することで、組織の見え方が変わるはずです。

「しらけた部下」はリーダーの喚起力のなさのあらわれ

多くのリーダーは、無意識のうちに部下の勇気やエネルギーを奪っています。リーダーが喚起力を身につけていないために、部下をしらけさせるような行動や言葉を要所要所で選んでしまっているのです。

リーダーのもっとも重要な役割は、部下を信頼し、勇気を与え、励ますことです。

能力の低いリーダーは、しばしば部下を「無能」と呼びますが、無能なのは部下ではなく、部下をリソースフルにできなかったリーダー自身です。

自らのマネジメント能力を省みず、部下を非難するのは誤りです。

部下には十分なリソースがあります。リーダーは部下のリソースを信じ、彼らが最大限の力を発揮できるように促すことが重要です。

1人の時間は、リーダーが「どのように部下を喚起させるか」を考え、その力をつける絶好の機会です。

さっそく活用して、部下が主体的に行動する環境を整えていきましょう。

喚起力

1 エネルギーをマネジメントする

部下のモチベーション頼みではいけない理由

リーダーがマネジメントすべき対象は、部下のモチベーションではなく、「エネルギー」です。

モチベーションは、クルマにたとえるとガソリン（燃料）です。走行中にガソリンが減れば、給油が必要です。どんなに高性能なクルマでも、ガソリンがなければ動きません。ガソリン（給油）は、クルマを走らせ続けるための必要条件です。

一方、**エネルギーとは「どこに向かうのか」という目的、言い換えると「志」**です。

リーダーが明確な志やビジョンを示し、

「ここに行こう」

「ここに連れて行きたい」

と明確な志を示すことが、エネルギーの源泉です。

たとえば、休日に友人を食事に誘う場面を考えてみてください。その食事会が実現するかどうかは、まず友人が「行きたい」と思うかどうかにかかっていますよね。行きたいと思われてはじめて、「日程が合うか」「お金はあるか」「行ける場所か」などが問題になってきます。

そもそも「行きたくない」と思っている相手には、食事券などを提示してお金の心配のないことを伝えても、楽しい食事会の実現は難しいはずです。

部下も同じです。リーダーがそもそも目的地を示していなかったり、心から「行きたい」と思っていない状態で部下を無理矢理動かそうとしても、心からの行動は得られません。「行きたい」という気持ちが、たとえ困難な状況でも、ガス欠状態でも、歩いてでも前進しようというエネルギーを生み出します。

組織を動かす原動力は、モチベーションではなく、エネルギー（＝志）なのです。

モチベーションとエネルギーの違い

○　モチベーション（動機付け）／状況や環境によって上がったり下がったりする。一時的な推進力であり、継続的な行動を支えるためには、定期的な補充や外部からの刺激が必要。

○　エネルギー（志・目的意識）／「どこに向かうのか」という明確な目的地。明確な目的意識があれば、困難な状況でも前進が可能。

リーダーの役割は、部下に志を持たせ、喚起し続けることです。

チームのエネルギーを高めるリーダーになるには

では、エネルギーを高めるリーダーになるにはどのようにしたらいいでしょうか。

実はこの問いに対しては、すでに本書でヒントとなることを示しています。それは、「思考の檻にとらわれずに考え、問うこと」です。

「自分はどこに向かいたいのか？」
「何を成し遂げたいのか？」
「その目的地にたどり着くために必要なことは何か？」

リーダーがこうした問いを持つことで進むべき道が明確になり、志が高まります。

エネルギーは「Ｂｅ」に着目して循環させる

エネルギーに関しては、高めることを目指すよりも、適切にマネジメントすることが重要です。

エネルギーの効果的な管理手法として、「凝固型」「波型」「循環型」の3つのアプローチがあります。3つのアプローチ方法を理解し、適切に活用することが、組織や個人のエネルギーを最適化につながります。

ここでは、「1カ月で売上を20％向上させる」という目的があるとして3つのアプローチそれぞれでPDCAを回し、その違いを見ていきます。なお、どのアプローチでも、施策は「新製品の販売促進キャンペーンを実施する」とします。

3つのアプローチの一番の違いは、「どこに焦点を当てるか――行動（Do）か、結果（Have）か、状態（Be）か」です。

①凝固型＝Doにフォーカス

成果を生むのは「適切な行動の積み重ね」であり、PDCAは継続的なプロセスであるべきだと考えます。

- **Plan（計画）：**市場分析をもとに、具体的な施策を策定させる。
- **Do（実行）：**組織の力を活用し、計画を確実に実行する。
- **Check（評価）：**データを重視し、成果とプロセスの両面を振り返る。

凝固型アプローチ

・Action（改善）：次の施策を検討し、プロセス全体を最適化する。

経営とは、成果を上げることです。行動の量と質を高め、計画的な実行と改善を続けることで、継続的な成長を実現します。

ただし、「行動」を重視しすぎると、組織の柔軟性が失われるリスクもあります。また不足感と正解を探す確実性を探索するようになります。

②波型＝Ｈａｖｅにフォーカス

「結果を所有すること」に着目し、成功を拡大するか、失敗を管理するかのどちらかに舵を切ります。

・Plan（計画）：目標達成のための戦略を

波型アプローチ

明確にし、最もインパクトの大きい施策を選定する。
・**Do（実行）**：最小限のリソースで最大の成果を出せる方法をとる。
・**Check（評価）**：売上データを分析し、成功パターンを見極める。
・**Action（改善）**：成功すれば、さらにスケールさせるための手を打つ。失敗すれば、徹底的にコントロールし、細部まで介入してリスクを最小化する。

競争ではなく独占を狙います。成功したら加速し、失敗したら徹底的に修正するというアプローチは、スタートアップの成長戦略に近いです。

ただし、結果という状況に振り回される

と、組織の安定性を欠く可能性があります。そこに属する人も代替の利く部品として扱われる可能性が高まります。

③循環型＝Ｂｅにフォーカス

「状態がすべてを生み出す」という考え方を持ち、チームの精神的なエネルギーを最大化することに注力します。

- **Plan（計画）**：売上向上という目標ではなく、「この製品が市場に与える価値」をチームで深く共有する。
- **Do（実行）**：メンバーが最高のパフォーマンスを発揮できるよう、マインドのインスピレーションと健全なる身体のコンディショニングを与える。
- **Check（評価）**：個々のメンバーの状態を観察し、必要に応じて励ましやフィードバックを行う。
- **Action（改善）**：チームの創造力とエネルギーが循環する環境を整え、革新的なアクションが自然に生まれるようにする。

顧客は、「自分が何を求めているか」を基本的にわかっていません。市場やデータ

循環型アプローチ

に左右されるのではなく、「チームが何を信じ、どんな状態で働くか」が革新を生むという思想になります。そのため、循環型のＰＤＣＡは、「状態を整えることで、自然と行動や結果がついてくる」というアプローチを取ります。

- **安定した成果を求めるなら→凝固型（Ｄｏ）**
- **大胆な成長を狙うなら→波型（Ｈａｖｅ）**
- **革新を生み出したいなら→循環型（Ｂｅ）**

という傾向はありますが、どれが良い悪いではありません。どのアプローチを採用するかは、組織の文化や戦略、リーダーの哲学によって異なってきます。

　どれかひとつに偏るのではなく、状況に

応じて組み合わせることで、組織の持続的な成長が可能になります。

また、多くの人は「Ｄｏ（行動）」→Ｈａｖｅ（成果）→Ｂｅ（状態）」の順序でものごとを考えがちですが、これでは真の満足感を得られないことがあります。

まず「Ｂｅ（すでにそうである）」を整え、そこから「Ｄｏ（行動）」を起こすことで、自然と「Ｈａｖｅ（成果）」が得られるという考え方が大切です。この順序を意識することで、無理なく望む成果を手に入れることができます。

喚起力を高めるための「１人の時間」の使い方①

現場ではＤｏに目が向きがちに。落ち着いて部下のＢｅに目を向ける時間を持つ。

喚起力

2 心の火を広げていける組織は強い

リーダーの心の火を、部下の心にも広げていく

リーダーの志や情熱、すなわち「心の火」は、組織全体に伝わり、強い絆と活力を生み出します。「心の火」は、情熱や熱意の象徴です。リーダーの心の火は、部下を喚起し、組織の目標達成に向けた推進力となります。

「心の火」はロウソクのように、他者に移すことができます。この火をどのように移すかが、マネジメントの要《かなめ》です。まずリーダー自身が自らの情熱を再確認し、「何に情熱を注ぐのか?」

「どのような価値観に従って行動するのか？」
を明確にすることが重要です。

ビジネスパーソンの資質として、「自燃性《じねんせい》（自ら燃える人）」の重要性が指摘されますが、実際には誰もが生まれながらにして「心の火」を持っています。力んで燃やさなくとも、「もともと、誰にでもある」と気づくことが大切です。

ただし、時にはその火が弱まることもあります。リーダーの役割は、その火を再認識させ、勢いを強めることです。**リーダーは、部下の心の火を再び燃え上がらせ、組織全体を喚起する役割を担っています。**

組織全体に大きなオアシスを築く

私たち一人ひとりの心には、「心の泉」とも呼べる豊かな源泉が存在します。心の火が情熱や熱意だとすれば、心の泉は創造性や柔軟性の象徴です。

水は、状況や相手に応じて自在に形を変えることができます。丸い器に入れれば丸く、四角い器に入れれば四角くなります。高い所から低い所へと流れ、時には沸騰し、岩をも砕き、氷にもなります。このように、水は自由自在にその形を変え、状況に適応しながらものごとを成し遂げていきます。

リーダーもまた、水のように柔軟に部下と接することが大切です。謙虚なリーダーは、自らの権威を誇示するのではなく、部下の成長をサポートし、組織全体の成功を優先します。たとえば、部下からのフィードバックを積極的に受け入れ、状況に応じてリーダーシップスタイルを調整することが求められます。こうした柔軟性は、リーダーシップに不可欠です。

優れたリーダーに接すると、部下の「心の泉」にも変化が生じます。リーダーのサポートや共感によって水量が増し、水質が変わり、そして、組織全体に大きなオアシスを築くことができます。

しかし、リーダーの多くは、部下の心に泉があることを知りません。泉はいつも湧いているのに、それを見逃しているのです。

リーダー自身の心を豊かに保つ

部下の「心の火」や「心の泉」に気づくためには、まずリーダーが自分自身の「心の火」と「心の泉」に気づくことです。自分自身を、志を持ってゴールに向かっていける状態に整えておきましょう。

リーダーの心の火が弱まったり、心の泉が涸《か》れてしまう原因は、「忙殺」です。リーダーが忙殺されてしまえば、そのエネルギーは浪費され、停滞してしまいます。

忙殺されてしまった際には、あるいは余裕のない日々を過ごしているならば、1人でゆったりと過ごす時間を意識的につくるとよいでしょう。

1人での時間には、読書や映画鑑賞、カフェでのリラックスなども効果的ですが、もっとも迅速にエネルギーをチャージできる方法があります。何だと思いますか？

それは、「人との交流」です。

周囲の人々との交流は、私たちの心の状態に大きな影響を与えます。とくに、エネルギーを与えてくれる人々との関係は、仕事に対する意欲を向上させてくれます。

お気に入りのカフェや本、映画、音楽があるように、「お気に入りの人」を持つことは、心のバランスを保つために有効です。

彼らとの対話は心を平静な状態に戻し、エネルギーを再充電します。**エネルギーを**

与えてくれる人との交流は、仕事への活力を生み出し、能力を向上させる重要な資源です。

リーダーとして、部下の「心の火」と「心の泉」を理解し、それらの勢いを強めていくこと。情熱と柔軟性を持って部下と接し、彼らの成長をサポートすることで、組織全体を喚起できます。

喚起力を高めるための「1人の時間」の使い方②

ゆったりした時間をつくって、自分の心の火を整えておく。

喚起力

3 思考の主語を変える

「自分が」「私が」で考えているうちは、リーダーとしては半人前

リーダーとして成長するためには、自己中心的な視点から、他者の視点に立つことが重要です。具体的には、思考や発言の主語を「私」から「私たち」や「お客様」へと変えることで、共感と信頼を築くことができます。

「私が」「自分が」と自己中心的な視点にとどまっている限り、他者を巻き込む力は生まれません。会議ひとつとっても同じです。「私が提案したいのは……」と「私が」で切り出すよりも、「私たちが提案したいのは……」と言い換えることで、チーム全

体の意識を高めることができます。

また、自分の考えや意見をお客様の視点から捉えることで、より的確なサービスや製品を提供できます。たとえば、「私はこのデザインが好きだ」ではなく、「お客様はこのデザインを好むだろう」と考える習慣が重要です。

主語が変われば視点が変わる

日常会話においても、自分視点ではなく、お客様や部下の視点に立つことが求められます。会議などの正式な場では注意を払うものの、何気ない場面では「私が」「俺が」と自己中心的になりがちです。

1人で考えごとをしているときも、思考の主語が自分になっていないかを見直すことが大切です。思考の主語を「私」から「私たち」や「お客様」に変える練習をすることで、自己中心的な考え方を手放すことができます。

たとえば、「私はどう感じるか？」ではなく、「お客様はどう感じるか？」と問いかけることで視点が変わります。

自己都合の考えは他者に響かず、感動を与えることはできません。他者の立場に立ち、相手を思いやることが共感を生み出し、リーダーシップを高めます。

主語を変える方法

○「私」を「私たち」に変える

自己中心的な視点にとどまると、対立や争いが生じやすくなります。しかし、個人の視点から組織全体の視点に切り替えることで、協調性と連帯感が強化されます。たとえば、「私はこのプロジェクトを成功させたい」ではなく、「私たちはこのプロジェクトを成功させたい」と表現します。

○「私」を「この存在」に変える

「私」を「この存在は」「この存在が」「この存在の」に意識的に置き換えてみると、自分と自分が切り離されて、俯瞰して自分を見るトレーニングになります。

たとえば、「私はどう感じるか?」を「この存在はどう感じるか?」に、「私はリーダーとして成長したい」を「この存在はリーダーとして成長したい」に、「私はチームの成功を願っています」を「この存在はチームの成功を願っています」に変更します。

優れたリーダーは、「あなたのため」とは言わない

優れたリーダーは、「あなたのため」とは言わず、どこまでも相手の立場にたつ姿勢を持っています。

「あなたのため」という表現は、一見他者を思いやっているように見えますが、実際には自己都合が含まれていることがあります。「私がこれだけやっているのに、どうしてあなたはわからないのか」という、相手への非難と自己中心的な感情が含まれています。また、「あなたのため」と考えている限り、「私が」という主語から逃れることはできません。

思考は無意識のうちに生じ、その多くは、自分自身を主語とした内なる独り言で構成されています。

たとえば、「なんだよー……」といったつぶやきも、自分を主語としたものです。自分自身との内的対話は、自己中心的な視点に偏りがちです。

リーダーとして成熟するには、自己中心的な視点から他者中心の視点への転換が必要です。**主語を意識的に変えることで、共感と信頼を築き、効果的なリーダーシップを発揮できます。**日常生活の中で、ぜひ「主語の転換」を実践してください。

喚起力を高めるための「1人の時間」の使い方③

「私」「自分」としていた主語を「私たち」に置き換えてみる。

喚起力

4 心理的問題を戦略的問題に置き換える

「どうしよう」を「どのようにすれば」に言い換える

心理的問題を戦略的問題として捉え直すことで、感情に左右されず、効果的な解決策を見いだすことが可能です。

負の感情（嫉妬、怒り、焦り、不安）に対処する際、これらを心理的問題として捉えるのではなく、戦略的課題として取り組むことが重要です。

・心理的問題……個人の内面的な感情や思考の葛藤、たとえば不安、嫉妬、怒り、焦りなど。感情に強く影響される。主観的な視点で問題を捉える。

・戦略的問題……目標達成のための計画や方法に関する課題。感情よりも効果的な手段や結果に焦点を当てる。

たとえば、「このことを伝えたら、Aさんを傷つけるかもしれない」とためらうのは、心理的問題として捉えている状態です。自分の発言が相手に与える影響への不安が先立ち、行動を躊躇《ちゅうちょ》しています。

しかし、「どう伝えればAさんを傷つけずに済むだろうか?」と考えると、戦略的問題へと移行します。戦略的な視点では、適切なコミュニケーション方法やタイミングを検討し、「相手の感情に配慮しつつ、自分の意見を伝える方法」を模索することになります。

・心理的問題で捉えたとき……「伝えるべきか、伝えないほうがいいか。伝えたほうがいいのだろうけれど、気を悪くするのではないか」

・戦略的問題で捉えたとき……「伝えるのが前提。検討すべきは、どう伝えるか」

本質を見失わないための戦略思考

問題を心理的な領域から戦略的な領域へシフトすることで、感情に振り回されず、建設的な解決策を模索することができます。

たとえば、「この提案をすると自分の立場が危うくなるかもしれないが、顧客のためには解決すべきだ」と悩むのは、心理的問題として処理しているからです。

しかし、「提案する」ことを前提に、次のように戦略的に思考することで、解決策が見えてきます。

「どのようにすれば、お互いが満足する形で提案できるか？」
「まず、誰を味方につけるべきか？」
「誰に相談すれば突破口が開けるか？」

問題を戦略的に捉えることで、具体的な行動計画を立てやすくなります。「言っても無駄だろう」「どうせやっても無理だ」と考えるのは心理的な問題として捉えているからです。問題を解決するには、一見無理だと思うことを「どう攻略するか」「どのようにすればできるか」と戦略的な領域で考えることが重要です。

心理的問題を戦略的問題に置き換えた例

例①プレゼンテーションへの不安

○心理的問題としての捉え方
「プレゼンテーションがうまくいかなかったらどうしよう。失敗したら恥ずかしいし、評価が下がるかもしれない」
○戦略的問題としての捉え方
「プレゼンテーションを成功させるために、どのような準備をすればよいか？効果的な資料作成やリハーサルの方法は何か？」

例②部下への提案に対する不安

○心理的問題としての捉え方
「この提案をすると、部下との関係が悪化し、自分の評価や立場に悪影響を及ぼすかもしれない」
○　戦略的問題としての捉え方
「提案を受け入れてもらうために、どのような根拠やデータを用意すればよいか？　どのように提案すれば、部下が受け入れやすくなるか？　提案を行う最適な時期や状況はいつか？」

例③チームメンバーとの意見の対立

○　心理的問題としての捉え方
「チームメンバーと意見が合わない。対立すると人間関係が悪化するのではないか」
○　戦略的問題としての捉え方
「意見の違いを建設的に解決するために、どのようなコミュニケーション方法をとればよいか？　自分の考えをどう伝えれば、相手の意見を尊重しつつ合意に至るか？」

問題を、心理的な側面から戦略的な側面にシフトすることで、具体的な行動計画を立てやすくなり、感情に振り回されずに効果的な解決策を見いだすことができます。

心の「ザワザワ」を解消する方法

そうはいっても、心理的問題にとらわれて落ち着かないこともあるでしょう。「ザワザワ」と不安や焦りを感じるとき、それは、「やるべきことがあるのに手を付けていない状態」であると考えられます。

「ザワザワ」を放置すると、「うまくいくだろうか？」といった心理的な不安が大きくなります。

「ザワザワ」を解消するためには、「今できることは何か？」を考え、実行に移すことが重要です。多くの場合、私たちは「これくらいでは変わらない」と行動の成果を低く見積もり、行動を先延ばしにしがちです。しかし、小さな一歩でも行動を起こすことです。

負の感情が湧き上がったときには、「何が、こんな気持ちにさせているのか？」を内観し、原因を特定します。その上で、原因を取り除くための具体的な行動計画を考えると、心理的問題を戦略的問題に置き換えることができます。

問題に直面した際には、感情的な反応にとどまらず、戦略的な視点で具体的な行動計画を立てるようにしましょう。

喚起力を高めるための「1人の時間」の使い方④

抱えている問題を、「戦略的」に捉え直す。

喚起力

5 周囲の人の知性を喚起する目標の立て方

なぜ、「対前年○%」の目標は組織を停滞させるのか

組織の目標設定において、「前年比○%増」のような数値目標は一見合理的に思えますが、実際には次の理由で、組織の停滞を招く可能性があります。

理由① 数字自体に意味はない

多くの企業は、前年実績に対して一定の増加率を目標としています。ですが、単なる数値目標は、組織の知性や創造性を刺激するものではありません。

数字自体には意味はなく、それに意味づけしているのは人間です。

たとえば、売上が50億円から100億円に増加しても、それが顧客満足度の向上につながっていなければ、真の価値はありません。重要なのは、数字の達成そのものではなく、どのような価値や成果を提供できるかを考えることです。

理由②社員の喚起力を低下させる

現実的に考えて、「今日は売上を前年比○%増やすぞ」と意気込んで出勤する社員はいるでしょうか。単なる数値目標は部下を喚起させません。経営者の多くは、前年比130%などの目標を掲げています。この数値目標は、「昨年より、もっと頑張れ」という根性論的なメッセージと同義です。その結果、社員は「同じ給料で昨年より成果を上げろということか」と失望し、喚起力が低下します。

理由③視点が変わらない

前年比を基準にものごとを考えると、現状の延長線上での発想にとどまり、新たな方法や考え方を生み出すことが難しくなります。その結果、同じルールやり方を繰り返し、組織は停滞します。

視点や考え方を変えずに達成できる目標には、知性が欠如しています。「現状の見方で容易に達成できる目標は、真の意味での目標ではない」との指摘もあります。

むしろ、今までの視点を疑い、新たに練り直さなければ到達できない目標こそが、本当の目標です。

成長とは、単に数値が向上することではなく、知性が変化し、ものの見方や考え方が変わることを指します。数値の増加は、単に規模が大きくなるだけで、成長の本質ではありません。

組織が停滞を避けて成長し続けるためには、部下一人ひとりの知性と創造性を喚起するような目標を設定することが重要です。その結果、部下は「現在のやり方では達成できない」と気づき、新たな視点や方法を模索します。

目標は「誰もが意味を感じられる」ものにする

目標を設定する際、もっとも重要なのは、目標が持つ「意味」です。人は意味によって行動を導かれる存在であるため、目標にも明確な意味が求められます。

この特性を組織の目標設定に活かし「意味のある目標」を設定するために、リーダーは次の問いを深く考えておきましょう。

「その生命時間の一部を1年間差し出す意味は何か？」

どんなにお金を積まれても、命を差し出す人はいません。仮に10億円だとしてもです。つまり「働く」とは本来、お金以外の報酬を認めていないことには成り立たないものです。だから、この問いを直視する必要があるのです。

必要性が高く、意味のある目標の例

- ○ 顧客満足度の向上／顧客からのフィードバックを基に、製品やサービスの質を改善し、顧客満足度を高めることを目指す。
- ○ 労働環境の改善／社員が安心して働ける環境を整備し労働環境の改善を図る。
- ○ 社会貢献活動の推進／企業の社会的責任を果たすため、地域社会や環境への貢献活動を推進する。
- ○ イノベーションの促進／新たな製品やサービスの開発、業務プロセスの改善など、組織内のイノベーションを促進する。

これらの目標は、単なる数値目標ではなく、組織全体の方向性や価値観を反映したものです。地球は未来の子どもたちから一時的に、今、私たち大人が借りているものです。企業（組織）も同じです。

ですから、目標をつくる際には、「借りたものを返すときに必要なことか？　不必要なことか？」という観点から検討することが重要です。リーダーが組織目標に「意味」を組み込むことで、リーダーシップの一貫性が高まり、組織全体の方向性が明確になります。

組織内でも個人でも、「本当に必要なこと」と「必要でないこと」を考えることは非常に大切です。

働くことは、命（＝時間）の一部を差し出す行為であることを忘れてはなりません。命を差し出すに値する目標をつくることが、リーダーの役割です。

喚起力を高めるための「1人の時間」の使い方⑤

目標は、内容以上にその「意味」を徹底的に考える。

喚起力

6

「考える余地」を奪わない伝え方を身につける

リーダーは完璧でないほうがいい

200ページでお話ししたように、同じ内容でも伝え方次第で、部下は喚起されたりされなかったりします。

喚起的なコミュニケーションとは、相手の意識や行動を積極的に引き出すための伝達方法です。単なる情報提供に留まらず、相手の感情や思考に働きかけて、主体的な行動を引き出すことを目的としています。

喚起的なコミュニケーションでは、あえて重要な情報をすべては伝えず、聞き手に考える余地を残すことが重要です。「すべてを語らない」ことで、聞き手は自ら疑問を持ち、積極的に内容に関わるようになります。

すべてを詳細に説明すると、聞き手は受け身になり、時には反発や退屈を感じることがあります。しかし、自ら気づいたことに対しては、否定的な反応を示しにくいものです。**情報の一部を意図的に省略し、聞き手が自ら考え、結論に至る余地を提供することが効果的です。**

たとえば、「私はビジネスコーチとして19年の経験があります」と伝えるよりも、「19年前、駆け出しの頃にこんな失敗をしました」と述べることで、「現在の私」が十分なエキスパートであることが勝手に喚起される状態になります。聞き手に考えさせることで情報が深く伝わって、納得感が生まれるのです。

詳細に説明しすぎると、聞き手は退屈し、批判的になる可能性があります。重要なポイントこそあえて余白を残し、気づきの機会を提供することが大切です。その結果として、主体的な行動が促されます。

すべてを語らず喚起する方法（応用編）

○**「私のこと好き？」**

Ａ：「好きだよ」／Ｂ：「確かめてみる？」

↓どちらの返事が、ドキドキが喚起されるでしょうか？

○**「高いね」**

Ａ：「高いですよね」／Ｂ：「何と比べられてますか？」

↓どちらが喚起的でしょうか？

○**「これやってくれない？」**

Ａ：「私にはできません」

Ｂ：「今の私には『やります』と言える道のりが見えていません」

↓どちらが相手のサポートを喚起するでしょうか？

話し手の「考える余地」が生まれる話の聞き方

リーダーの態度ひとつで、「考える余地」をチームにつくり出すことができます。

考える余地が生まれる態度

①口角を上げる

笑顔は自分自身の気分を高め、周囲にもいい影響を与えます。笑顔が多い組織では、業績が向上する傾向があります。

②組織内でアイコンタクトをとる

アイコンタクトは信頼関係を築き、組織のパフォーマンスを向上させます。会議中、参加者が資料にのみ集中し、互いに視線を交わさない状況を、私は「トナカイの死骸《しがい》のにおいのする会議」と呼んでいます。

このような会議では、アイコンタクトが欠如し、視線を交わしても温かみが感じられず、時には敵意すら生じることがあります。
しかし、アイコンタクトを通じて意思疎通を図ることで、会議が円滑に進行し、運を引き寄せることができます。

③首を縦に振る

首を縦に振るというシンプルな行動も、組織の業績向上に寄与します。肯定的な姿勢は、周囲にいい影響を与えます。

これらの態度は、運を単なる偶然として受け入れるのではなく、積極的に管理し、向上させることを目指す「ラック・マネジメント（Luck Management）」という文脈でも重視されています。

部下が主体的かどうか、自分で考えて行動できるかどうかはリーダーの喚起力次第であり、その喚起力はちょっとした振る舞い方で高めることができるのです。

「これ、やってみたら？」と安易に勧めてはいけない

また、私は**「リーダーの『これ、やってみたら？』というアドバイスほど、無責任なものはない」**と考えています。

他人から「これ、やってみたら？」と勧められたことに、とくに興味がないのに手を出してしまった経験はありませんか？　自分の意思や興味を無視した勧めに従う行動には、慎重であるべきです。限られた時間を費やす以上、自分が必要性を感じることにチャレンジすることが大切です。

他人の成功事例をそのまま自分に当てはめるのは、浅はかです。成功の形は人それぞれ異なるため、他人の方法が自分に適しているとは限らないからです。

他人の意見を参考にするのであれば、そのまま受け入れるのではなく、

「そのアドバイスが自分にとって価値があるのか？」

「相手が本当に自分を応援してくれているのか？　それとも、ただの一般的な意見な

のか？」

を見極めることが大切です。

部下はリーダーのアドバイスによって導かれるのではなく、部下自身がエネルギーを持ち、そこに意味を見いだして行動するものです。つまり、リーダーの役割は、部下と対話し、部下自身が意味（価値）を見いだせるようにサポートすることです。

アドバイスをするなら、相手を直接導こうとせず、相手がそのアドバイスから何を感じ、どう解釈するかに注目しましょう。

喚起力を高めるための「1人の時間」の使い方⑥

過不足のない説明の準備はやめる。

喚起力

7 リーダー自身がチャレンジし続ける

才能は、「苦手な領域」の中に隠されている

リーダーとして成長するためには、自ら困難なチャレンジに飛び込むことが重要です。

とくに、「自分が苦手と感じる分野」や、これまでと同じ視点（やり方や考え方）では達成できない「高い課題」に取り組むことで、新たな視野が開けます。

多くのリーダーは、「強みを伸ばすべき」と考えがちですが、強みの領域に才能が眠っているわけではありません。強みを伸ばすことで才能が開花するのであれば、す

でにその成果があらわれていてもいいはずです。

それなのに成果があらわれていないとしたら、苦手な領域を探索すべきです。**リーダーは強みに頼るのではなく、「苦手だし、嫌いだし、できないし、苦しい。けれど必要なもの」を克服するためのチャレンジを優先しましょう。**

新たなチャレンジは、経験としても貴重です。私自身、プロの俳人に師事して俳句を学んだり、ジャズやトライアスロンに挑戦したりしました。これらの経験は、マネジメントにおいても多くの示唆を与えてくれました。

もし神様がいて、「お金の大切さを学ばせたい」と思う相手がいたとき、その相手にお金を与えると思いますか?

「お金がない環境に生み落とす」のではないでしょうか。

実は、欠けている部分の中に重要な教訓が隠されていて、「苦手だし、嫌いだし、できないし、苦しいもの」と向き合うことが、神様から与えられた人生のレッスンなのです。

「この組織となら、奈落《ならく》の底に落ちてもいい」という覚悟を持てるか

個人としてのチャレンジが成長に欠かせないのと同様に、ビジネスにおいても、組織全体で困難に立ち向かうことが重要です。

リーダーは、自らのチャレンジを通じて得た経験や学びを組織に共有し、部下がともに成長できる環境を整える必要があります。こうすることで組織全体が高い目標に挑戦し、困難を乗り越える力を養うことができます。

ビジネスでは、ワクワクする目標を追い求めるのではなく（ワクワク感では目標を達成できない理由は164ページ）、組織全員が「どんな苦境でも、ともにチャレンジできる関係」を築くことが重要です。ともに困難を経験し、それを乗り越えることで得られる絆や成長があります。

「組織一丸となって成功したい」という質感以上に、「この組織となら、奈落の底か

らでも這《は》い上がってやる！」という、強い覚悟を持った組織を目指したいものです。

リーダーは自分の時間を使って、心が震えるようなチャレンジに身を置き続けましょう。

リーダーが自ら挑戦し続ける姿勢は、部下にとって強力な模範となります。部下の挑戦意欲を喚起し、組織全体の成長につながります。

喚起力を高めるための「１人の時間」の使い方⑦

あなたにとって、「苦手だし、嫌いだし、できないし、苦しい。けれど必要なもの」は何ですか？

喚起力

8 「使う言葉」に注意を向ける

言葉が持つ「相手の心を揺さぶる力」を最大限に活用する

言葉の選択は、相手の受け取り方や感情に大きな影響を与えます。

たとえば、「ここに椅子があります」と「ここに、18年間探し続けて見つけた椅子があります」では、同じ椅子なのに聞き手の感じ方が異なります。後者は特別な価値を感じさせ、相手の心を揺さぶる力があります。

心を揺さぶる言葉とは？

○例文１
A：「ランチに行こう」
B：「今からのランチ、人生最後だとしたらどこに行く？」

○例文２
A：「ちょっといい？」
B：「78秒いい？」

「例文１」「例文２」ともに、「B」の表現のほうが相手の思考や感情に変化をもたらします。

「A」の場合、聞き手の思考は、「はい」「いいえ」という二択に限定されますが、「B」の場合、「人生最後だとしたらどこに行こうか？」「80秒ではなく、なぜ、78秒なのか？」と考えを促します。

言葉に少し工夫を加えるだけで、相手の心に変化を起こすことができます。「自分の言いたいことを正確に伝える」ことを前提とし、その上で、

「相手の心に響く言葉」

「相手の心に変化を起こす言葉」

を選ぶことが大切です。

不自然な間が、聞き手の注意を引きつける

会話やプレゼンテーションにおいて、意図的に「不自然な間」を挟むことで、聞き手の注意を引きつけ、メッセージを強調できます。

不自然な間の効果

○ **注意喚起**
予期しないタイミングでの沈黙は、聞き手に「何か重要なことが続くのでは」と感じさせ、集中力を高めます。

○ メッセージの強調

重要な情報の前に間を置くことで、その後に続く言葉の重みを増し、印象深く伝えることができます。

○ 感情の伝達

間を効果的に使うことで、緊張感や期待感を演出し、聞き手の感情を揺さぶることが可能です。

○ 体感時間の短縮

人間の時間感覚は、注意の向け方によって変化します。話の中での「間」が聞き手の注意を引きつけ、時間の体感に影響を与えます。

言いにくいことほどテクニックの活用を

チームをまとめていく中では、言いにくいことを伝えなければいけないこともあります。とくに、資料のつくり直しや企画の練り直しなど、部下が仕上げたものに対して差し戻さなければいけないときなどです。
こうしたケースでは、ここで紹介した言葉の使い方を複合的に活用してみてください。

○ **例文3**

A：「スライドの最初の3枚つくり直して」

B：「スライドの最初の3（間を不自然なほど空けて）枚つくり直（ここでも間を空けて）して」

「B」は、「3」の後と、「つくり直」の後に間を置くことで、聞き手は「3枚」という数や「つくり直す」という行為に対して注意を向け、重要性を感じやすくなります。
また、間によって生じる緊張感が、聞き手の感情を動かす要因となります。
言葉の選び方や使い方を工夫することで、相手の心に響くコミュニケーションが可能になります。

頭に思い浮かんだことをそのまま伝えるのではなく、日頃から、「どう言えば相手の思考を動かすことができるか？」を考える習慣をつけましょう。

ときには「この表現はスベッたな」と感じることもあるかもしれませんが、それも含めて、コミュニケーションを楽しむ姿勢が大切です。

喚起力を高めるための「1人の時間」の使い方⑧

「言い方」のイメージトレーニングをしておく。

第 4 章

［構造デザイン力］

大局的に考え
変化を起こす力をつける
6つのポイント

リーダーが1人でいるときに身につけたい「構造デザインの力」とは？

ものごとの構造に着目して、人々の行動を自然に導く

「構造デザイン力」とは、ものごとの仕組みや形状、環境を工夫して、人々の行動を自然に導く力のことです。

たとえば、ペットボトルのキャップは、その形状が「回して開ける」動作を促し、マグカップのハンドル（持ち手の部分）は、「手で持つ」ことを促しています。

子どもが食事中に肘をつくクセがある場合、「肘をつかないように」と注意するだ

けでなく、ローテーブルで食事をする環境を整えることで、自然と肘をつかなくなることがあります。**構造が私たちの行動を無意識に導いているのです。**

リーダーシップにおいても、部下に特定の行動を促す際、直接的な指示や注意だけでなく、構造（環境や仕組み）を整えることが効果的です。

部下が期待する行動をとらなかった場合、その原因は部下の能力や意欲の不足ではなく、リーダーが適切な構造を提供していない可能性が考えられます。

「Aさんはできているのに、Bさんは何度教えてもできない。だからBさんの能力は低い」と判断する前に、Bさんが行動しやすい構造を用意することがリーダーの役割です。この観点がなければ、リーダーは部下の能力を疑うだけになってしまいます。

ある会社では、「営業部の部員たちが約束を守らない」という課題を抱えていました。この問題を解決するために導入された解決策が、「ママ（パパ）に言いつける」という構造です。「ママ（パパ）に言いつける」のコンセプトは、

「○○さんは、今月、このような約束をして、結果はこうでした」

「設定された目標に対してこれくらい努力しました」

と家族に報告する（言いつける）ことです。この構造を導入したとたん、約束が守られるようになりました。「家族に報告する」という構造を整えたことで、望ましい行動を引き出すことができたのです。

ある会社では、毎日午後4時にノンアルコールの「ハッピーアワー」を設けています。この時間に乾杯を行うことで、終業が近づいて集中力が切れがちな時間帯に、「もうひと頑張りしよう」という気持ちが喚起されます。来客があれば一緒に乾杯することで、お客様も巻き込んで活気づけることができます。

またクライアントでもあるオリジナルグッズ製作会社のトップセールスマンは、お客様から電話がかかってくると、開口一番、「それ、できますよ!!」と言います。これは想定される「会話の構造」そのものを覆す電話の出方です。ゆえにお客様は面食らうと同時に笑い出しながら「助かるよ」と言うそうです。お見事ですね。

あるいは次のようなシンプルな事例も挙げておきましょう。

私はクライアントにガイドとして、「問題解決ツールＢＯＸ」を個人的にお渡ししています。これは問題解決ツールとして選定した20項目だけを書いてパウチした紙を「おもちゃの救急箱」に入れたもので、クライアントの会議室のテーブルに置いています。問題解決の際には、救急箱の中からそれを取り出し、「何番を使うか？　何番と何番を組み合わせてアイデアを出すか？」とします。こうすれば、忘れたり風化したりすることはありません。

すごい会議における「精霊」も、会議におけるコミュニケーションを円滑にする構造です。精霊とは、会議参加者が発言しにくい意見や指摘を伝える際に用いる手法です。具体的には、

「精霊が言うには～」

というフレーズを使って、自分の意見を精霊の言葉に置き換えることで、個人への批判や責任を回避しつつ、重要な意見を共有できます。

なぜ構造を仕組み化するのに、1人の時間が必要なのか

○1人の時間に組織の課題や目標を再評価することで、創造的な解決策が生ま

れる。

○ 組織の構造デザインには、複雑な要素が絡み合う。1人の時間を活用して戦略的問題を考えることで、効果的な構造が設計できる。

○ 1人の時間は、外部からの刺激や情報から解放され、自由な思考を促す。これにより、従来の枠にとらわれないアイデアが生まれる。

自発的な選択を促す「ナッジ理論」も、構造である

「行動」に関する課題の解決策として注目されているのが「ナッジ」です。

ナッジとは、人間の行動原理に基づき、自発的に行動するきっかけを提供する手法のことです。ナッジも、構造デザインと考えることができます。

「新型コロナウイルス流行初期に、店舗のレジに足跡マークのシールを貼ることで、ソーシャル・ディスタンスが順守されやすくなった事例」や、「地下鉄の駅の階段をピアノの鍵盤デザインにすることで、エスカレーターよりも階段を選ぶ人が増え、身体活動量を増加させる可能性を示した事例」など、強制力を発揮せずに、自発的な選択を促すのがナッジ理論です（参照：厚生労働省 生活習慣病予防のための健康情報サイト）。

構造には「不自然な努力」も続けさせる力がある

私たちが未来を築く方法には、大きく分けて2つあります。ひとつは、意識せずとも自然に訪れる未来。もうひとつは、「不自然な努力が生まれる構造」の先にある未来です。

「不自然な努力」とは、通常の行動パターンや習慣から外れた、意図的な努力のことです。現状を打破し、新たな目標を達成するために、自らに課す挑戦的な行動です。

たとえば、アイアンマンレースで途中リタイアした悔しさから、玄関先に「あのときの悔しさを忘れるな」と書いた付箋紙を貼って自分を奮い立たせるのは、「不自然な努力」を促す構造です。

不自然な努力の例

○ デスクトップに「本質的か？」「長期間耐えられるものか？」「全体的か？」「戦略的か？」という4つの視点を表示しておいて、問う力を喚起する。

○ 毎日決まった時間に注意を喚起するメールを自分宛に自動送信して、日報の出し忘れを防ぐ。

○ 終業時間後はオフィスの電気が自動で消えるような仕組みで、残業しない社風をつくる。

○ 朝用・昼用・夜用と3種類の歯ブラシを用意することで磨き残しをなくす。

人は放っておくと現状に甘んじ、怠けてしまいがちです。そのため、意識的に「不自然な努力」を促す構造をつくることが重要です。構造を用意することで努力を継続し、望む未来を手にできます。

リーダーは、部下の能力を最大限に引き出すために、彼らが生き生きと成果を上げられる環境や仕組みを常に考えることが大切です。

部下の行動を変えるためには、指示や注意だけでなく、環境や仕組みをデザインすることが効果的です。不自然な努力を引き出す環境を組織内にもたらすことが、未来を切り開くのです。

構造デザイン力

1 基準を変える

「適切な基準」の設定こそがリーダーの重要な役割

ものごとの「基準」が、構造デザインの基本です。**組織の評価基準がチームメンバーの行動や考え方、取り組みを規定します。**始業時間の基準が出社時間を規定します。

リーダーシップを発揮するためには、組織の「基準」を明確に設定し、それに基づいて行動することが重要です。

リーダーとして、業界やビジネスモデルに適した基準を設定することは、組織の成功に不可欠です。**適切な基準は、組織の方向性を明確にし、部下全員が共通の目標に**

向かって努力するための指針となります。

たとえば、リッツ・カールトンホテルでは、各従業員に2000ドルの決裁権を委譲し、「お客様の要求に対し簡単にはノーと言わない」という高いサービス基準を設けています。この基準は、顧客に感動を提供することを最優先とする同社の戦略に適しています。

しかし、ビジネスホテルにリッツ・カールトンホテルと同程度の基準が必要かというと、必ずしもそうではありません。

ビジネスホテルは、出張などの利用を前提に、迅速で効率的なサービスを提供する独自の基準を設定することが重要です。

同様に、100円ショップに高級ホテル並みのサービス基準は必要ありません。100円ショップは、低価格で便利な商品を提供することに価値があり、その市場において他社と差別化できる基準を設定することが求められます。

このように、リーダーは自社の業界やビジネスモデルに適した基準を設定する役割を担っています。

顧客の期待値を高め、自社が「唯一の選択肢」となるような基準を設けることができれば、他のサービスでは満足できなくなり、結果として自社が選ばれるようになります。

千葉県佐倉市の「眼鏡のとよふく」は、視力優先ではなく視覚向上のための眼鏡を提案することで、お客様の眼鏡に求める基準を高めています。これにより、同店は唯一の選択肢として選ばれるようになりました。

お客様の基準を引き上げることができれば、景気や価格に関係なく売れる市場が広がります。これが「基準」の力です。

基準の違いが結果を変える

リーダーが組織や自身に高い基準を設定することは、組織全体の思考や行動、そして最終的な結果に大きな影響を及ぼします。

「世界一売れる商品をつくる」という基準を設定するのと、「長く親しまれる商品をつくる」と考えるのでは、取り組み方や結果に大きな差が生じます。

世界一売れているハンバーガーは、マクドナルドのハンバーガーかもしれません。世界一売れているラーメンは、カップヌードルかもしれません。しかし言うまでもなく、それとは異なる基準で愛されているハンバーガー屋さんもラーメン屋さんも、それぞれにたくさんあります。

同じ状況下でも、設定する基準の違いが思考を変え、判断基準を変え、合格ラインを変え、行動を変え、結果を変えます。

当然、基準が変われば必要な構造も変わります。高い基準を設定すると、その達成に向けた新たな視点が必要になります。その結果、構造デザインにおいても新しいアプローチやアイデアが生み出されます。

構造デザインが新しいアプローチやアイデアを生む

①思考の変化

高い基準を設定すると、その達成に向けて、新たな視点やアイデアを生み出すようになる。

↓
②判断基準の変化
高い基準は、意思決定の際の判断基準を引き上げる。厳格な基準でものごとを評価するようになり、組織全体のパフォーマンスが向上する。

↓
③合格ラインの変化
リーダーが高い基準を設定すると、組織内での「合格ライン」も自然と高くなる。これにより、部下は自分の能力を最大限に発揮しようと努力する。

↓
④行動の変化
高い基準は、部下の行動にも直接的な影響を与える。リーダーが高い基準を示し、それを実践することで、部下もそれにならって、主体的に行動するようになる。

↓

⑤結果の変化

高い基準に基づいて行動することで、組織全体の成果が向上する。

リーダーが設定する基準は、組織の思考、判断、行動、そして結果に連鎖的な影響を及ぼします。したがってリーダーは常に高い基準を持ち、それを組織に共有することが重要です。

挨拶や規律の基準を高めるだけでも、組織の士気に良い影響を与えることが可能です。

「部下から声をかけられたときの振り向きざまの笑顔だけは、誰にも負けない笑顔にする」

「部下から相談を持ちかけられたら、そのリアクションだけは誰よりも早くする」

「部内会議では5分前に会議室に行き、会議環境を誰よりも整える」

など、まずは「ひとつ」でかまわないので、自信を持って誇れるポイントを定めてみてください。

「うまくいかないとき」は、基準を再設定する

仕事において「つらい」「できない」「うまくいかない」と壁を感じたときは、基準を再設定する絶好の機会です。

「壁」は、基準の変更を知らせるシグナルです。「つらい」「できない」「うまくいかない」は、今の基準が自身の能力や組織の状況と合っていない可能性を示しています。壁があらわれたら、やり方、考え方、目標の基準を見直す必要があります。

一方、長期間にわたって壁に直面しない場合も、「すべてが順調である」と慢心せず、基準を見直すべきです。慢心を抱いてしまうと、成長や改善の機会を逃してしまいます。また、現行の基準が時代遅れになる可能性もあります。

順調に進んでいると感じるときでも、定期的に基準を見直し、現状に満足せず、常に改善を求める姿勢が重要です。

みなさんは、リーダーとしての役割を果たす際、どのような基準を持って取り組んでいますか？

組織の成果を上げるには、

「どの基準でリーダーの務めを果たそうとしているのか？」

「その基準は健全といえるのか？」

を問い続けることが大切です。基準を明確にし、それを実践することで、組織全体の成果に大きな影響を与えることができます。

ぜひ、自分自身の基準を見直して、リーダーシップを発揮していきましょう。

構造デザイン力を高めるための「１人の時間」の使い方①

自社やチームがすでに設定している「基準」を書き出してみる。

構造デザイン力

2 接続力を高める

日常の出来事はすべて、ビジネスの学びになる

日常の何気ない出来事から学びを得て、それをビジネスに生かす力が求められています。私はこの力を「接続力」と呼んでいます。接続力は、一見関連性のない事柄を結びつけ、新たな価値を見いだす力です。

たとえば、朝顔が咲いているのを見たとき、接続力の高いリーダーであれば、「咲いているな」と認識するだけでなく、「なぜこの姿に心が動かされたのだろう?」と深く洞察します。そして、朝顔から自身のリーダーシップを連想し、

「私が朝顔だとすると、ヒマワリになろうとしていないか？」

「私は今、今、今を愚直に生きているか？」

と自問して、そこから教訓を得るのです。


接続力を発揮すれば、目に見えるもの、聞こえてくるものすべてが学びの対象となります。日常の風景から問いを生み出し、その問いを通じて思考を深め、自身や他者に影響を与えることができるのです。

「見ているけれど見ていない」ことに気づくワーク

接続力を高めるためには、「心が少しでも動いた瞬間」を見逃さないことが大切です。


違和感や小さな驚き、好奇心を無視せず、心が動いたら立ち止まって、

「なぜ違和感を覚えたのか？」

「何が気になったのか？」

を考えることで、新たな視点を得られるでしょう。

たとえば、普段使っているボールペンや時計を注意深く観察し、「今まで見落としていたことがないか？」という視点で見ると、「こんなところに傷があった」「この素材はゴムだと思っていたけど、実はプラスチックだった」など、新たな発見があります。こうしたワークを1人の時間に取り入れてみてください。

以前、私は「干しぶどうのワーク」を体験しました。干しぶどうを一粒口に入れ、最初の3分間は噛まずに舌で転がし、その質感を感じます。その後、ゆっくりと噛み始め、味わいを深めていきます。

こうして一粒の干しぶどうをじっくり味わうことで、細かな感覚に気づくことができました。私たちは日常生活の中で、ものごとを見て、聞いて、味わっていますが、実際には「そのつもり」になっているだけで、真に見ておらず、聞いておらず、味わっていなかったのです。この気づきは、私の接続力を高めるための最初の一歩となりました。

接続力を高めるには、**意識的にものごとを深く観察する習慣を持つこと**です。

日常の中で心が動く瞬間を見逃さず、連想して考えを進めることで、新たな学びや気づきを得ることができます。こうした学びが、新たな構造を生み出すきっかけになります。

構造デザイン力を高めるための「1人の時間」の使い方②

干しぶどうを一粒口に入れ、最初の3分間は噛まずに舌で転がして質感を感じてみる。

構造デザイン力

3 人と対話する

リーダーは「意図を持って」交流会やセミナーに参加せよ

構造とは、枠組みです。枠組みに着目しそのあり方を最適化していくために重要なのが、「誰と、どのような対話をするか」です。これまで接点のなかった人々と話すことで、自分の考え方や視野が広がり、構造への理解が進みます。**革新的な構造もまた、人との対話によって生まれる可能性が高くなります。**

リーダーは、交流会や勉強会に積極的に参加して、人と対話する時間を持ちましょう。毎回同じ人とだけ話していては、新たな視点や解決策は得られません。新しい発想は内輪にはなく、異なる背景を持つ人々との交流から生まれます。

交流会やセミナーに参加するときは、ただ何となく足を運ぶのではなく、明確な意図を持つことが大切です。「新たなビジネスパートナーを見つけよう」「特定の企業に自社製品を紹介しよう」といったビジネスに直結する意図を持つと、参加の意義が高まります。

また、自己成長を目指すリーダーであれば、**「自分がどうありたいか」という、自分のあり方に関する意図を持つことが大切です。**たとえば、

「周囲に勇気を与える存在として参加しよう」
「関わる人々が元気になるような存在として参加しよう」
「相手を誰よりも魅力的な人として扱おう」

といった意図を持つことで、自分自身の意識や行動を変えていくことができます。

「意図を持たない」という意図を持つ

一方で、特定の意図を持たずに参加することも効果的です（厳密には「意図を持たない」という意図を持っています）。

「何者でもない自分」として、素のまま、フラットな状態で参加することで、前項で述べたように意図を持って参加する場合とは異なる効果が得られます。それは、**周囲の反応を通じて自己を客観的に知る、**ということです。

前述したように、周囲の反応は自分自身を投影しています。仮に、誰も話しかけてこない状況が続くとしたら、それはあなたが無意識のうちに「近寄りがたい雰囲気」を発している可能性があります。

他者の反応を通じて、自分の内面にある課題に気づくことができます。この気づきを自己成長のためのフィードバックとして活用するのです。

同質の人々だけで集まっていては、部下が主体的に動く構造は生まれにくいものです。これまで接点のなかった人々と交流し、日常の予定調和を打破することが、自己成長には不可欠です。

限定されがちな生活範囲やビジネス圏の枠を超えて、異質なものに触れる時間をつくりましょう。

構造デザイン力を高めるための「1人の時間」の使い方③

意図について考えてから、交流会に参加する。

構造デザイン力

4 微差こそ大切に扱う

小さな行動の効果を小さく見積もってはいけない

成果を上げるリーダーとそうでないリーダーを分けるのは、微小な違いです。**微小な違いの積み重ねが、大きな差を生み出します。**

たとえば、イーロン・マスク氏やジェフ・ベゾス氏のような成功者も、私たちと同じく「今、この瞬間」にしか行動できません。しかし、彼らが大きな成果を上げているのは、「今できること」を軽視せず、丁寧に取り組んでいるからです。

一方、成果を出せないリーダーは、小さな行動の効果を過小評価し、疎《おろそ》かにしがちです。この違いが、時間とともに大きな差となってあらわれます。

私は、この「今、この瞬間にできること」に注力して大きな成果を生む考え方を**「イーロン・マスクの法則」**と呼んでいます。

微差が、相手に大きなインパクトを与える

「1」に「1」を何度掛けても、結果は「1」のままです。ところが「1」を「1・01」にすると、1年後は「1・01」の365乗で約「37・8」になります。つまり、毎日わずか「0・01」だけ丁寧に取り組むことで、1年後には約38倍の成果が得られるのです。

反対に、毎日「0・01」だけ手を抜くと、「0・99」の365乗で約「0・03」になり、小さな怠慢が1年後には大差を生むことになります。

また、「厚さ0・1㎜の紙を42回折り重ねると、その厚さは約43万9800㎞となり、地球から月までの平均距離である約38万4400㎞を超える」という説も、指数関数的成長（最初は小さな変化でも、回数を重ねるごと急速に大きくなる様子）の驚異を示し

ています。このように、小さな違いが最終的には大きな差を生むのです。

私が学んだ小笠原流礼法では、「礼三息《れいさんそく》」という作法が重要視されています。礼三息とは、「吸う、吐く、吸う」の呼吸にお辞儀の動作を合わせるもので、吸う息で身をかがみ、吐く息でとどまり、吸う息で起き上がります。動作自体は一般的なお辞儀と大きく変わりませんが、「呼吸と動作を一体化させる」というわずかな差が、相手に対する深い敬意と誠意を生み出しています。

レストランでのテーブルセッティングでは、「お皿をわずかに傾けて配置する」だけで、視覚的な動きやエレガントさが生まれ、食卓全体が活気づくといわれています。

このように、小さな工夫(微差)が、相手に大きなインパクトを与えるのです。

手順を変えると結果も変わる

わずかな手順の違いが、結果を大きく左右することもあります。

たとえば、お肉を調理する際、焼き上げてから塩を振るのと、事前に下味をつけてから焼くのとでは、味わいが異なります。同じ材料を使っていても、手順の違いが結果に大きな影響を与えるのです。

桃太郎が鬼退治に成功したのも、適切な順序を踏んだからです。まず、桃太郎はおじいさんとおばあさんに恩返しを誓い、その後、「日本一のきびだんご」を携えて仲間を募りました。もし、きびだんごがなければ、仲間を集めることは難しく、鬼退治も遅れていたかもしれません。

どんなに優れたセールストークでも、話す順序を少し変えるだけで成約率が大きく低下することがあります。

話す順序の違いで、成約率が変わる

例①価格提示の順序

○ 順序1：定価→値引き価格の順に提示

「この商品は通常10万円ですが、今回は特別価格で5万円です」

……より高い定価を先に提示することで、「特別価格」が相対的にお得に感じられ、成約率が上がりやすい。

○ 順序2：割引後の価格を先に提示

「この商品は5万円です。実は通常は10万円ですが、今回は特別割引です」

……割引前の価格のインパクトが弱まり、「特別感」が薄れるため、成約率が下がりやすい。

例②質問の順序

○ 順序1：顧客の課題を聞き出してから提案する

「現在の課題は何ですか？」

↓

「実はこの商品がその課題に対応できます」

……顧客が自分の課題を意識した状態で提案を受け入れるため、成約率が上がりやすい。

○ 順序2：提案を先に出す

「この商品は○○に役立ちます。いかがですか？」

……顧客が課題を認識していないと、商品提案が「的外れ」に感じられやすい。

例③ポジティブな情報とネガティブな情報の順序

○ 順序1：ポジティブ→ネガティブ

「この商品は売上を20％増加させます。初期導入には2週間の準備期間が必要です」

……ポジティブ情報で興味を引いたあとにネガティブ情報を伝えることで、ネガティブ要素が相対的に小さく感じられる。

○ 順序2：ネガティブ→ポジティブ

「この商品は初期導入に2週間かかりますが、その後は売上を20％増加させます」

……最初にネガティブ情報を聞くと「負担が大きい」と感じ、成約率が下がりやすい。

例④顧客の成功事例の提示順

○ 順序1：実績→提案

「多くの企業がこの商品を導入し、売上が平均30％増加しています。御社にもご提案したいのですが、いかがでしょうか？」

……実績を先に示すと信頼感が生まれやすくなる。

○　順序2・提案↓実績

「この商品をぜひ御社に提案したいと思います。他社では売上が30%増加した事例があります」

……提案が最初だと「押し売り」に感じられる可能性があり、成約率が下がる。

毎日歯を磨いても「歯磨きのプロ」になれない理由

「今、この瞬間にできること」を丁寧に行うことは重要ですが、同じ作業を機械的に繰り返すだけでは、大差はなかなか生み出せません。

たとえば、1日2回、合計5分の歯磨きを80年間続けると、約10101日間、歯磨きに費やしたことになります。しかし、10101日間かけても、私たちは歯磨きのプロにはなれませんよね？

つまり、単に継続するだけでは差は生まれにくく、

「毎回の行動から学び、改善を重ねる」

「それをやるたびに再発明がある」

ことが重要です。

前述したように「1」に「1」を何度掛けても、得られる答えは「1」。小さな積み重ねは大きな成果につながりますが、淡々と繰り返すだけでは進歩はありません。常に新たな視点で取り組むことが求められます。

テストを繰り返して微差を見つける

ビジネスモデルとは、お客様に「感動価値」を提供する仕組みのことです。お客様がどのような体験で深い感動を覚えるのかを明らかにして、その期待を超える価値を提供することが求められます。

その際、リーダーは細部に注意を払い、どのような「微差」がお客様に感動を与えるのかを検討しなければなりません。そのためには、

「仮説に基づいて、テストを繰り返す」

「異なる視点を持つ人と対話の中から、ヒントを探す」

などして、どのような微差が大差につながるのかを見極めていくことが大切です。

リーダーの1人の時間も、微差を積み上げる貴重な機会です。漫然と、淡々と浪費するのではなく、「再発明する」意識を持って、丁寧に時間を使ってください。

構造デザイン力を高めるための「1人の時間」の使い方④

本書を読む前と今とでは、何か差があるだろうか？
微差でもいいので言葉にする。

構造デザイン力

5 仕事の道具にこだわる

下着をこまめに新調するだけで、営業成績が上がる理由

仕事の道具や身のまわりのものへの意識を高めることは、リーダーとしての自己研《けん》鑽《さん》の一環です。道具や身のまわりのものにこだわることで微差が生まれ、それが大きな成果につながることがあります。

私が営業職として働いていた頃、行き詰まりを感じたときは、新しい下着やシャツを購入していました。衣類を新調すると気持ちがリセットされ、心が整い、不思議と

活力が戻ってくるのを感じました。日常的に身につけるものを一新することで、日々のルーティンに新鮮さが加わったのだと思います。

目に見えない部分に真心を込めることで、現状を打破する力が生まれます。目に見えない部分に気を配る姿勢は、仕事の丁寧さや細部への注意力にもつながります。

ものの位置づけを変えると、仕事の成果が変わる

仕事で使用する道具や身のまわりのものを「どのように位置づけるか（意味づけるか）」によって、仕事の成果に違いが生まれます。

たとえば、新型コロナウイルスの流行によってzoomを活用したミーティングが急増した際、使用するカメラ（機材）に関して、大きく2つの考え方がありました。

ひとつは、機材を「消耗品」と位置づけ、「やむを得ない状況だから、パソコン内蔵のカメラで対応すればいい」という考え方です。

多くのノートパソコンには標準でカメラが搭載されており、特別な準備をせずともオンライン会議に参加できます。しかし、内蔵カメラは画質や視野角に制限があって、高品質な映像が求められる場面では不十分な場合があります。

2つ目は、機材を「商売道具」と位置づけ、「オンライン会議が主要な手段となった以上、使用する機材にもこだわる」という考え方です。この視点では、使用する機材の品質が直接的に仕事の成果に影響を及ぼすため、妥協が許されなくなります。高品質な機材を使用することでコミュニケーションの質が向上し、結果として業務効率や成果が高まります。

仕事で使用する道具を「単なるツール」と捉える場合、最低限の機能があれば十分と考え、特別な注意や投資をしません。しかし、同じ道具を「プロフェッショナルの必需品」と位置づけると、その品質や性能にこだわりを持つようになります。このこだわりが、結果的に、
「仕事に対する責任感」
「細部への注意力」

「仕事の質」を高めます。

ものの位置づけを変えることで、個人の意識や行動が変化し、それが仕事の成果に好影響を与えるのです。

ものは構造の構成要素

ここまでお話ししてきた構造のほとんどは、制度や考え方など、目に見えないものでした。目に見えないものでさえ、その人の行動を決める力があるのですから、目に見えるものや身近にあるもの――つまり持ちものが行動に与える影響は無視できません。ものにこだわることは、自分の周囲の構造を見直すことでもあるのです。

持ちものは自己認識にも影響を与えます。たとえば、質の高いスーツやお気に入りのステーショナリーを使用することで、自信が向上することがあります。これは、持ちものが自己エネルギーを循環させるためです。

持ちものやそれに対する意識は、仕事の成果に直結します。自分の持ちものを見直し、意識的に選ぶことで、現状を打破する力が得られるでしょう。

構造デザイン力を高めるための「1人の時間」の使い方⑤

こだわりの仕事道具をそろえる。

構造デザイン力

6 継続を目標にしない

できない理由は「能力不足」ではない

「継続できない」「継続力がない」というのは、多くの人が抱える悩みです。しかし実際には、継続力がないのではありません。
「継続しない状態を継続している」のです。つまり、「現状維持を継続する力」が働いているわけです。

ときおり、「思考の整理が苦手です」と相談を受けることがあります。その方に私が、「どうやってそのことに気づいたのですか?」と尋ねると、すでに自己分析ができている（自分は整理が苦手である、と思考を整理している）ことに気づきます。

多くの場合、「能力がないからできない」と思い込みがちですが、「能力がないからできない」という理由づけがほしいだけで、**実際には、すでに必要なリソースを持っています。**継続力も「ない」のではなく、新たな行動を習慣化する方法を知らないだけです。


たとえば、「ダイエットしたいけれど続かない」と言う人に「本当にダイエットしたいのですか？」と尋ねると、「はい、したいです」と答えます。にもかかわらずダイエットが続かないのは、なぜだと思いますか？

「ダイエットをしたい」という気持ちよりも、

「現状を維持したい」

「ダイエットができない状態を続けたい」

という潜在意識が強く働いているからです。

潜在意識には、現状維持を好む傾向があります。潜在意識は、「昨日までと同じでいいよね。昨日まで無事に生きてこられたのだから、リスクを負わなくてもいいよね」と現状を好み、新しい挑戦や習慣の変更に抵抗します。

意識的には変化を望んでいても、潜在意識の力は強大なので、「変わりたい」と思うだけでは、変化を起こすのは難しい。現状を維持しようとする潜在意識に勝つには、外部のサポートや「構造」としての仕組みの活用が鍵を握ります。

習慣化は個人の意思だけでは難しいため、たとえば、報連相を習慣化させたいのなら、「ゲーム要素を取り入れ、報連相の頻度や質に応じてポイントを付与し、ランキングを作成する」といった仕組み（構造）をつくることが必要です。

先に行動するからやる気が生まれる

行動とやる気の関係を理解し、実践することで、現状を打破できることがあります。

一般的に、「やる気があるから行動する」と考えられがちですが、実際には**「先に行動する」ことでやる気が生まれています。**

たとえば、「毎日5kmのジョギング」を継続したいのであれば、「走ってもいいし、走らなくてもいいので、とりあえずランニングシューズを履く」「ランニングシューズを履いたら、外に出る」「外に出たら、軽くストレッチをする」といったように、小さな一歩がさらなる行動への弾みとなって、結果的に走り出すことができるのです。
行動を先に起こすことでやる気が生まれ、継続的な習慣につながります。リーダーとして自己成長を目指す際には、小さな行動から始めることが大切です。これにより、潜在意識を克服し、新たな習慣をつくることができます。

構造デザイン力を高めるための「1人の時間」の使い方⑥

小さな行動から始める。

終　章

リーダーも組織も育つ「いい循環」は、1人のときにつくられる

「あなたに出会えてよかった」と（結果的に）感謝されるリーダーになるために

部下をマネジメントする前に、自分自身をマネジメントする

本書の「はじめに」でも述べたように、優れたリーダーとは、部下から「出会えてよかった」と「（結果的に）感謝される存在」です。**リーダーと部下が互いに「あなたと出会えたことで、人生が豊かになった」と感じられる関係を築くことが大切です。**

感謝される存在になるために、もっとも重要なのは、「部下との関係も、組織の成果も、すべてはリーダー自身の内面（思考）で決まる」という事実を忘れないことです。

組織を変えるには、部下を変えるのではなく、リーダーである「自分自身を変えること」が前提です。

リーダーは、部下をマネジメントする前に、まず自分自身をマネジメントしなければなりません。リーダー自身が疲れ切っていれば、部下も疲れてしまいます。部下の喚起力が足りないのは、リーダーの喚起力が不足しているからです。

優秀なリーダーの下で働くことは、部下の成長や成果に大きな影響を与えます。

伝説の野村證券トップセールスの記録保持者ファーストヴィレッジの市村社長によると、あるコンサルティング会社に依頼して綿密に調査したところ、学歴や家族背景よりも「入社して最初に配属された上司が優秀であること」が出世に大きく影響するという結果が得られたそうです。やはり、部下の成長は、リーダーで決まるのです。

リーダーが部下にとって「出会えたことそのものが祝福」かのようになるためのプロセスは、「1人の時間」の中にあります。

ビジネスでは、お客様の目に見えないところでの努力が、結果的に評価や価値としてあらわれます。リーダーシップも同様で、**部下と関わるときだけ機嫌よく振る舞っ**

ても、部下の信頼を得ることはできません。むしろ重要なのは、「1人でいるときに、機嫌よく生きること」です。1人の時間に培ったものが、リーダーの真の姿として部下に伝わるのです。

人から見られているときだけリーダーらしく振る舞い、そうでないときはリーダーの役割を外す人もいますが、むしろ「会社にいない時間」にどれだけ自分を成長させることができるかが重要です。

極論をいえば、「会社にいるときよりも、いないときこそリーダーらしく振る舞う」のが優れたリーダーです。

リーダーとしての成長は、1人の時間をどれだけ有効に使い、自己を深く理解できるかにかかっています。

このプロセスを通じて、部下から感謝される存在となり、強固な組織を築くことができるのです。

1人の時間に「本を読む」ということ

読み飛ばしたくなる部分に、未来の自分に必要なものがある

読書は、リーダーシップを育むための重要な手段です。読書は、単なる情報収集ではなく、著者の思想や感情と深く交流する「対話」です。
そして読書は、自己との対話でもあります。ページをめくる中で、自分の考えや感情を見つめ直し、新たな視点を得ることができます。

本を読むとき、リーダーの多くは「大事なところ」に線を引きます。

ですが私は、**「読み飛ばしたくなる箇所」にこそ、注意を払う**よう心がけています。興味深いと感じる部分に線を引くことは、今の自分の考えを確認、強化するに過ぎません。一方、線を引かない部分には、新たな発見が潜んでいる可能性があります。自分の考えに合うかどうかの判断はいったん脇に置いて、著者との対話を深めることが重要です。

スティーブ・ジョブズ氏は、2005年のスタンフォード大学卒業式で「Connecting the dots（点と点をつなげる）」という概念を紹介しました。「人生の出来事や経験が一見無関係に思えても、後から振り返るとそれらがつながり、現在の自分をつくる」という考え方です。

彼は大学を中退した後、興味の赴くままにカリグラフィ（字を美しく見せる書法）の授業に参加しました。当時はカリグラフィが将来どのように役立つかわからなかったものの、のちにマッキントッシュコンピュータを設計する際、美しいフォントやタイポグラフィの実装に大いに役立ったと述べています。

ジョブズ氏は、「将来をあらかじめ見据えて、点と点をつなぎ合わせることなどできません。できるのは、後からつなぎ合わせることだけです」と語っています。つまり、現在経験していることが将来どのように役立つかは予測できないため、目の前の経験や出来事を信じて取り組むことが重要であると強調しています。

たとえ現在の活動が直接的な成果を生まなくても、それらの「点」はのちに「線」となり、人生の重要な部分を形成します。

読書においても、「今」の自分に役立つかどうか、という視点を持たないことです。

本を読むときは、

「今の自分には響かない。でも、何かあるのではないか」

「線を引かない部分にこそ、未来の自分に必要なものがあるのではないか」

と考えながらページをめくってください。

本当に学ぶべきことは、線を引かない部分にあります。今の自分を基準にせず、広い視野で読むことが大事です。

速読ではなく、スローリーディングを心がける

灘《なだ》校の元国語教師、橋本武先生は、独自の「スローリーディング」教育法を実践されました。この手法では、中勘助《なかかんすけ》の小説『銀《ぎん》の匙《さじ》』を中学3年間かけてじっくりと読み解く授業を行い、生徒たちの深い思考力と理解力を育成しました。

私もその読み方を推奨したいと思います。情報を得るために多くの本を速く読むこともひとつの方法ですが、自分の思考を深めるためには、「1冊の本を一生かけて読む」くらいの姿勢があってもよいと思います。

1行ごとに立ち止まらせてくれる本との出合いは、自己の魂を潤してくれる貴重な体験です。

本は、多くの人々の思いが結集してできています。その思いを、1行1行を噛み締めながら、一生をかけて読み解くことも価値ある読書の方法です。

多くの本を読んだからといって、それが必ずしも優れた読書とは限りません。たと

え1冊でも、その1行が自分に深い影響を与えるなら、その本は自分にとって「魂を潤す1冊」です。

自分のあり方を問い、視点を変えるような、本質的な部分で大きな影響を与えてくれる本と出合い、それを一生かけて読み解く姿勢を持つことが大切です。

私たちは本を読んだとき、「ここが面白かった」「ここがつまらなかった」「ここが役に立った」「ここは役に立たなかった」と判断しがちです。しかし、面白いかどうか、良いか悪いかを超えて、作品を丸ごと受け止める姿勢が求められます。

読書の向き合い方は、部下や他者との接し方にも通じます。「仕事ができる／できない」「ここがいい／ここが悪い」といった短絡的な評価を避け、全体を理解しようと努めることで、より深い人間関係を築くことができるのです。

読書は、リーダーとしての視野を広げ、深い洞察力を養うための貴重な時間です。未知の領域に挑戦し、スローリーディングを実践し、自己成長と他者理解を深めていきましょう。

大野栄一推薦／リーダーのための図書リスト

○『これは水です』（デヴィッド・フォスター・ウォレス／田畑書店）

作家であるウォレスが２００５年にケニオン大学の卒業式で行った伝説的なスピーチを収録しています。

日常生活の中での意識の持ち方や思考の習慣について深く考察し、自由な選択の重要性を説いています。

○『地上最強の商人』（オグ・マンディーノ／日本経営合理化協会出版局）

アラブの貧しい少年ハフィドが、古代から伝わる10の巻物の教えを通じて、史上最強の商人へと成長する物語です。成功哲学を寓話形式で伝え、多くの読者に影響を与えています。

○『夜と霧　ドイツ強制収容所の体験記録』（ヴィクトール・E・フランクル／みすず書房）

精神科医であるフランクルが、ナチスの強制収容所での自身の体験を基に、人間の尊厳や生きる意味を探求した名著です。極限状況下での人間の心理と行動を深く洞察しています。

○『アンコモンセラピー　ミルトン・エリクソンのひらいた世界』（ジェイ・ヘイリー／二瓶社）

エリクソンの独創的な治療法とその臨床事例を紹介し、心理療法の新たな可能性を示した1冊です。

○『フィールドブック　学習する組織「10の変革課題」　なぜ全社改革は失敗するのか？』（ピーター・M・センゲ他／日経BP日本経済新聞出版）

組織改革が直面する10の課題を取り上げ、成功への道筋を具体的に示しています。実践的なガイドとして、多くの企業で活用されています。

○『フィールドブック　学習する組織「5つの能力」　企業変革をチームで進める最強ツール』（ピーター・M・センゲ他／日経BP日本経済新聞出版）

組織が持続的に学習し続けるための5つの能力を解説し、組織での変革を推進するためのツールを提供しています。

○『**ドラッカー名著集1　経営者の条件**』（ピーター・F・ドラッカー／ダイヤモンド社）

経営者としての資質や能力について、ドラッカーが体系的に論じた名著です。自己成長と組織運営の指針を提供しています。

○『**NUDGE　実践　行動経済学　完全版**』（リチャード・H・セイラー、キャス・R・サンスティーン／日経BP）

人々の選択をさりげなく促す「ナッジ」の概念を紹介し、行動経済学の視点から政策やビジネスへの応用を解説しています。「構造デザイン力」への理解をより深めることができるでしょう。

○『**バフェットからの手紙【第8版】　世界一の投資家が見たこれから伸びる会社、滅びる会社**』（ローレンス・A・カニンガム／パンローリング）

投資家ウォーレン・バフェットの株主への手紙をまとめ、彼の投資哲学や企業分析の視点を解説しています。

○『THINK FUTURE 「未来」から逆算する生き方』（ハル・ハーシュフィールド／東洋経済新報社）

ＵＣＬＡにおける研究から、「未来の自分とつながっている」と感じられてはじめて、人は将来に備えて準備し、健全かつ倫理的な決定を下し、長期的な目標を達成しやすくなると指摘しています。現在の自分にエネルギーを注ぐためのアドバイスを得られる1冊です。

おわりに

日本の城郭《じょうかく》（城の周囲に設けた囲い）における石垣の築造技術は、時代とともに進化し、各時代の特徴が石の加工や積み方に反映されています。

豊臣秀吉の時代（16世紀後半）には、「野面積み《のづらづ》」と呼ばれる技法が主流でした。

この方法では、自然の形状を活かした未加工の石を積み上げ、大きな石の間に「間《ま》詰石《づめいし》」として小さな石を詰めて、隙間を埋める手法が取られていました。石の形が均一ではないため乱雑に見えるものの強度が高く、隙間がある分、揺れに強くて排水性も高いといったメリットがあります。

企業における組織づくりも、「野面積み」であるべきだと私は考えています。

私は、組織づくりを

「不完全無欠」

という概念で解釈しています。

一般的に、「完全無欠」とは、欠点や不足がないことを指します。

しかし、人間は誰もがいびつさ（＝個性、特性）を持っており、決して完全ではありません。ですが完全ではないからこそ、チームや組織を強くします。

形の不揃いな石を組み合わせる石垣が高い強度を持つのと同じように、「いびつな人材（不完全な人材）を集め、それぞれの強みを活かして組み合わせる」ことで、組織の創造性は高くなります。

組織では、個々のメンバーを無理に「加工」して均一化するのではなく、それぞれの個性や強みを生かすことが求められます。

桜を梅に変える必要はなく、桜は桜として、梅は梅としての美しさを成熟させるべきです。

人間関係においては、相手の不完全さを受け入れることが重要です。リーダーと部下の関係では、相手を自分の理想に合わせて変えようとせず、相手のいびつさや自分との違いを尊重して、**「欠けているのではなく、ただ形が違うだけ」**だと理解することが大切です。

違うのは形だけではありません。「組織に期待する目的」も違います。会社組織を定義すると、「相反する利益目的を持った人が一定の条件のもと、互いが影響し合える関係の中で2人以上集まっている状態」のことです。

会社には、経営者、従業員、株主、取引先など、さまざまな立場の人々が関わっています。たとえば、経営者は会社の成長や利益拡大を目指し、従業員は安定した雇用や給与を求めます。

彼らの利益や目的は必ずしも一致せず、時には対立することもあります。能力も、特性も、考え方も、目的も違う人々が集まる組織で、信頼関係を構築することは簡単ではありません。それでも諦めず、投げ出さず、失敗しても嘆かず、優れたリーダーになるための道のりを歩むこと自体が尊いのです。

この過程は、自己成長と自己啓発の連続であり、リーダーシップの本質を理解し、実践するチャンスです。

たとえば、新しい環境に飛び込み、古い習慣にとらわれず挑戦することで、リーダーとしての視野を広げ、柔軟性を養うことができます。また、学びの機会や1人の時間を使いこなすことで、自分自身を継続的に向上させることができます。

優れたリーダーを目指すことは、自分を成長させ、人生を豊かにします。ぜひ、その道のりを歩み続けてください。

大野栄一（おおの・えいいち）
「すごい会議®」公式コーチ。株式会社一番大切なこと®代表取締役。1967年東京生まれ。1990年専修大学商学部卒業。婦人服専門店業界第2位の株式会社アストリアに入社。販売従事。1991年日本学舎（現ニチガク）に転職。1994年から離職率8割の商品先物取引の会社に8年間従事。生え抜き最短課長記録更新。後半4年間は支店長として全国各所に赴任。2002年中堅物流会社株式会社ロンコ・ジャパンにてコンサルティングに転身。九州地区エリア統括を担う。2005年、事業計画策定・資金調達コンサルティング会社株式会社パブリックトラストに役員としてコンサルに従事。史上最小売上でIPOを果たす。2009年3月、主たる経営資源の人材・モノ・お金・戦略の経験を経て、成長戦略参謀室株式会社設立。すごい会議コーチとして専心して16年目。2012年には創始者ハワード・ゴールドマンアワードを受賞。これまでおよそ130社1400人以上に指導している。月に平均12セッション×12カ月×丸15年＝ざっと2160セッションを実施。クライアントによるリピート平均年数5.5年、リピート率9割。著書には、『会議の成果を最大化する「ファシリテーション」実践講座』（日本実業出版社）がある。

できるリーダーが「1人のとき」にやっていること

マネジメントの結果は「部下と接する前」に決まっている

2025年3月17日　第1版第1刷発行
2025年4月25日　第1版第3刷発行

著　　者	大野栄一
発 行 者	中川ヒロミ
発　　行	株式会社日経BP
発　　売	株式会社日経BPマーケティング 〒105-8308　東京都港区虎ノ門4-3-12 https://bookplus.nikkei.com/
デザイン	三森健太（JUNGLE）
イラスト	村林タカノブ
制　　作	株式会社キャップス
編集協力	藤吉豊（株式会社文道）
企画協力	H&S株式会社
編　　集	宮本沙織
印刷・製本	TOPPANクロレ株式会社

ISBN978-4-296-00219-1　Printed in Japan　©2025, Eiichi Ohno